なぜ日本人は学ばなくなったのか

齋藤 孝

講談社現代新書

1943

まえがき

いったいどうして、こんなことになってしまったのか！

かつて「日本人」と「勤勉」はセットであった。国際社会でも、「日本人の勤勉さ」は疑われることがなかった。私たち日本人もなんとなくそう信じ続けてきた。

しかし、現在「勤勉なる日本人」は、神話と化した。実態は、「学び嫌いの日本人」である。「バカ」という言葉は品がないのであまり使いたくはないが、そうとでも表現するしかない事態が日本を侵食している。

私の言う「バカ」とは、もちろん生まれつきの能力や知能指数ではない。「学ぼうとせずに、ひたすら受身の快楽にふけるあり方」のことだ。「学ぶ意欲」それ自体が、そもそも内発的に起きてこない、いくらでも学ぶ道があるのに、ゲームや友人同士のメールに時間を湯水のように注ぎこんで疑いを持たない、そんなあり方を、私はどうしても看過できない。

なぜなら、学ぶ意欲とは、未来への希望と表裏一体だからだ。学ばない人間、向上心を持たない人間は、自分の明日を今日よりも良い日だと信じることができない。

「生きる力」とは、「学ぶ意欲」とともにあるものだ。しかし、日本の教育界では一九八〇年代以降、「勉強」が「生きる力」とは関係のないもの、むしろそれを阻害するものとされる、とんでもない誤解が横行してきた。

ゲームやバラエティ番組が「生きる力」を与えてくれるわけではない。生命力は、努力して磨き、身につけた技によって、現実を生き抜く力となる。

どこかで、時代の空気を変え、まともな地に足のついた「積極的に学ぶ構え」が当たり前の空気に戻さなければ。

こうした焦りとも言える願いに、私はこの二十年突き動かされてきた。

私は、一九六〇(昭和三十五)年生まれなので、一九八〇年代のバブル経済前後の空気を二十代として肌に感じる世代であった。しかし、私自身は、その経済の外の外にいたので、時代の異常な「モノと金」至上主義に対する強烈な異和感、嫌悪感を感じていた。

六〇、七〇年代にも崩れの傾向はあったが、あの八〇年代で、完全に日本人のたがが外れてしまった。
「日本人が壊れた」音を私は聞いた気がした。それは私だけが聞いた音ではない。
ニューアカデミズムブーム、バブルとその崩壊を二十代で経験している、劇作家の平田オリザさんは、同世代の須賀原洋行さんの名作哲学マンガ『新釈 うああ哲学事典（上）』（講談社）のあとがきで、今の学生たちが哲学的議論をしないと言い、こう書いている。

私は、大学生の気質や、十代後半の人間のその悩みの本質が、そう急激に変わってしまったとは思わない。ただ、こと哲学的な議論に関しては、やはりバブルとその崩壊というものが、日本人の、とりわけ若い世代の精神構造に、ザックリとした傷を与え、未だにそれが癒《い》えないでいるような気がしてならない。

もともと日本人の多くは、突き詰めた議論を嫌うのだが、バブルの拝金主義と、その後の日本経済の迷走、政界や財界の混乱が、日本の若者たちに、無駄な物事を無駄と知りながら突き詰めて考えるという思考の習慣を失わせてしまったとしたら、それはとても悲しいことだ。

若い世代の精神に与えられた「ザックリとした傷」。この傷の感覚を共有する所から、この本を始めたい。

他者とどう向き合い、世界とどう関係し、どう自分の世界をつくればいいのか。自己形成を軸とした根源的な問いを、問い続け、語り合う心の習慣をなくしたことが、どれほどの傷であったのか。

もっと視野を広げてみれば、仏教の学び、漢字の受容と仮名への変形、遣唐使の留学《るがく》生《しょう》たちの学びの覚悟から、江戸時代の寺子屋の隆盛に至るまで、不思議なほど学ぶ意欲にあふれた人々の住む島国が日本であった。

寺子屋は、全国に無数にあった。「読み書き算」という学びと生活の基本を皆が必要と感じ、多くの善意の大人が教師となった。当時の世界水準でトップクラスの識字率と読書力が日本にはあった。

なにしろ幼児期から「論語」クラスの言語に接し、音読、筆写するわけだから、体へのしみこみ方が違う。身体ごと学ぶ構えが習慣として身につけられた。

現在の小学校を見学する人は、授業中勝手に席を離れて歩き回る子どもの姿を見かけ、驚く。学ぶ構えがしつけられていないのだ。

寺子屋では、学ぶ構えのできていない子は、ダメを出された。自分が寺子屋に持ってきた机と一緒に帰されてしまうのだ。これは、きつい。

ただし、これは教育の拒否ではなく、一種のショック療法だ。ダメを出された子の親や親類があやまりに来て、「これからはしっかりやります」と子とともに誓うことで許される。学ぶ構えづくりのやり直しの儀式みたいなものだ。

ここには、学ぶことをめぐる人間らしい関わりがある。ここでは、学ぶことは、けっして情報の消費ではない。学ぶことへのリスペクトがある。「モンスター・ペアレンツ」の対極の姿が、ここにはある。

世界史上、奇跡の一つとされる明治維新と近代化の成功は、江戸時代の人たちが成し遂げたものだ。同様に、敗戦後二十五年間の驚異の経済復興は、戦前に生まれ、教育を受けた人たちが成し遂げたものなのだ。それを忘れてはならない。

もちろん「江戸時代の教育を現代に」という単純な話ではない。戦前の軍国主義教育は、二度と繰り返してはならないものだ。そう認識した上で、日本の創造的活力という観点から巨視的に見た時、八〇年代以降の日本は、はたして誇るべきものであったか。

日本人が学ぶことを嫌いになり、バカにするようになる。こんな事態は、今までの日本人が経験したことのない非常事態だ。

「いったいどうして、こんなことになってしまったのか！」という思いをリアルに抱かない方が不思議だ。日本人というもののアイデンティティクライシスが起こっている。日本人の存在証明であり、拠《よ》りどころであった「向学心」の急落を、まず現実として受け止める所から出発しよう。

本書では、日本の現在の状況を把握しつつ、「なぜ学ばなくなったのか」の原因や背景を探っていきたい。そして、学ぶ意欲にあふれた関係性が、かつての日本でいかに当たり前に共有されていたのか、を見ていきたい。

「光に向かってすすめ」を合い言葉に、「学ばない時代」にケリをつけたい。

中学生や高校生にも無理なく読んでほしいとの思いから、本文は「です、ます」文体で、やさしく書くこととした。「あとがき」まで一気に読み終えた時に、学ぶ心の聖火リレーに参加する気持ちになっていてくれれば、ありがたい。

目次

序章　「リスペクトの精神」を失った日本人

バカを肯定する社会

最近、日本では確実に「バカ化」が進行しつつあるようです。

たとえば国際的な学力比較調査として有名なOECD（経済協力開発機構）の「学習到達度調査（PISA）」でも、「バカさ加減」が裏付けられています。二〇〇六年調査（対象は五十七ヵ国・地域の十五歳）によると、日本の十五歳は「科学的リテラシー」が六位（前々回二〇〇〇年調査では二位、前回〇三年調査も二位）、「読解力」が一五位（同八位→一四位）、「数学的リテラシー」が一〇位（同一位→六位）で、全科目とも調査のたびに順位を落としています。

十五歳だけが年々学力が落ちているはずはありません。日本人全員が学ばなくなりつつあるという、由々しき事態として受け止めるべきだと思います。

当たり前の話ですが、人は勉強しなければバカになります。

では、なぜ学ばなくなったのか。それに対する私の端的な回答は、「リスペクト」という心の習慣を失ったからだ、ということです。

かつての日本人には、何かに敬意を感じ、あこがれ、自分自身をそこに重ね合わせていくという心の習慣が、ごく自然に身についていました。それを象徴するのが、国内で歴史的に長く奨励されてきた仏教の教えである「仏法僧《ぶっぽうそう》の三宝《さんぼう》を敬う」です。仏教徒であろうとなかろうと、これは日本人の心の習慣として受け継がれてきました。

たとえば孔子の『論語』（講談社学術文庫）を学ぶとき、まず「子、のたまはく」の一言が出てきます。要するに「先生がおっしゃるには」と孔子への敬意を込め、だからこそ身につける価値があるという意味も含めているわけです。これは「仏法僧」の「仏」に相当します。

また、『論語』というテキストへのあこがれもあるし、それを今、自分に教えてくれる先生への敬意もあった。これがそれぞれ「法」と「僧」に当たります。そういう感情が、生活習慣の中に根づいていたのです。

あるいは武道などの稽古の開始時には、師弟がともに「よろしくお願いします」と頭を下げるのが当たり前の光景でした。お互いに学ぶ心に敬意を持ち合うことで、その場を〝聖なる空間〟にしていたわけです。

これは、けっして自分を卑下することではありません。まず自分より優れたものがあることを認識し、それに対して畏怖や畏敬の念を持つこと。これが根底に流れていたのです。

繰り返しますが、仏教を敬っていた奈良・平安時代から、日本はずっと「リスペクト社会」を貫いてきました。学びや教養を一段高いものと見なす風潮が、社会に充満していたのです。

ところが、ある時期を境にして、日本には「バカでもいいじゃないか」という空気が漂いはじめました。ある種の「開き直り社会」ないしは「バカ肯定社会」へと、世の中が一気に変質してしまったのです。

そこには、もはや「あこがれ」という心の習慣自体がありません。学び続ける精神や教養への敬意はないし、学ぶべき書籍や教科書の価値もわからない。それに教えてくれる先生への畏敬の念もない。つまり、学びの「仏法僧」にあたる部分へのリスペクトが消え去った時代に突入しているのです。いわば「ノーリスペクト社会」が到来したわけです。

垂直志向から水平志向の世の中へ

第一章で詳しく述べますが、明治時代以降、「書生」という社会システム（慣習）や旧

リスペクト社会からノーリスペクト社会へ

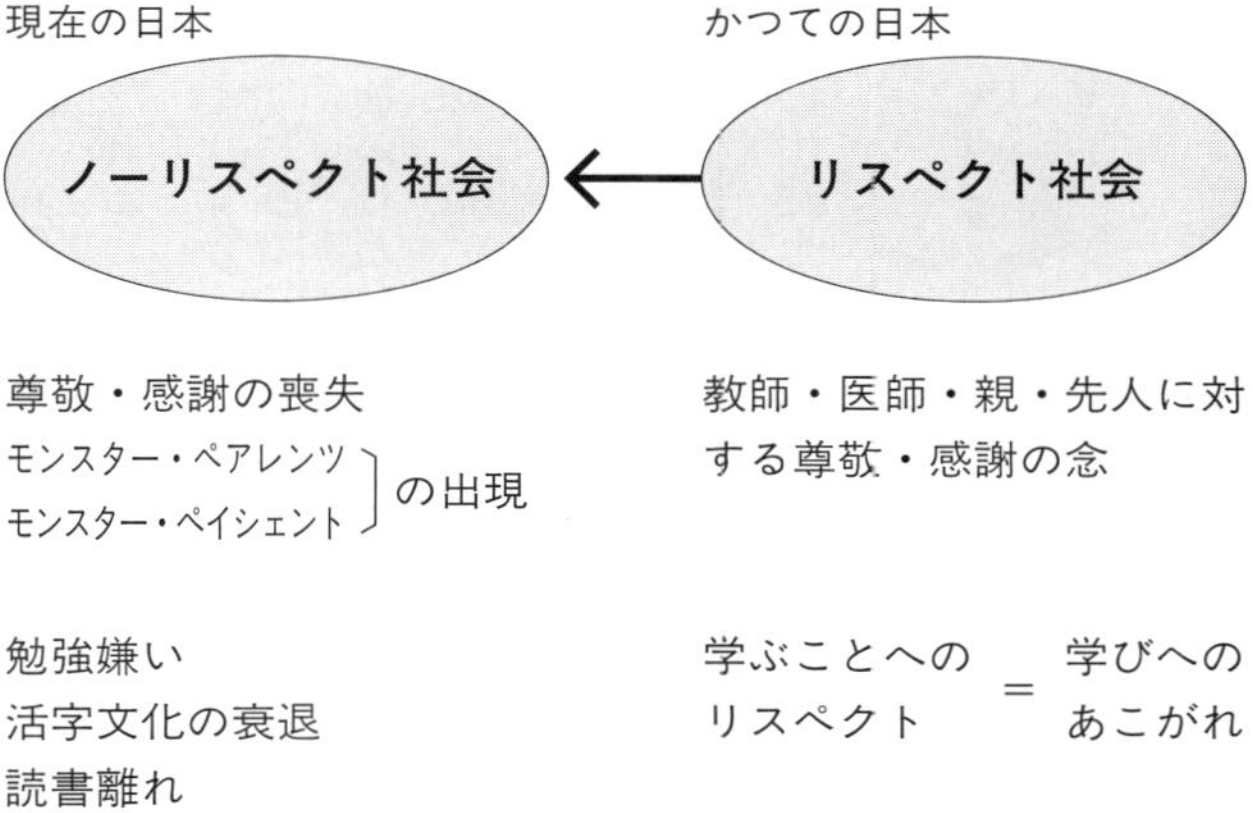

制高校的教養主義などを通じ、自己形成していく若者は数多くいました。自分を超えたもの、自分より大きなものに敬意を払い、それと対比して垂直的に自分を掘り下げたり、あるいはそこに向かって自分をつくっていったわけです。

　しかし今は、自分という核を持たないまま、ひたすら水平的に「何かいいものはないか」「おもしろいものはないか」と探し回っているだけ。最近の世の中はこれを「自分探し」と称していますが、こういう風潮が始まったのは一九八〇年代ごろからです。

　そして、この傾向を爆発的に浸透させたのが、インターネットの普及です。ネット自体は、良くも悪くもありません。ただ、人間の持っている一つの傾向を極端に見せる「増幅器」、あるいは「拡大鏡」であることは間違いありません。

たとえばネガティブな思考を持つ人が集《つど》えば、一気に集団自殺にまで及んでしまう。あるいは向学心に溢《あふ》れた人が集えば、架空の学校のようなものが出来て、有益な知識や情報の交換が行われることもあるでしょう。

その意味では、向上心の有無によって、インターネット社会では格差がより助長されるといえます。学びたい人はとことん効率よく学べる一方、向上心のない人は、互いに傷をなめ合うように現状肯定的になるか、あるいは互いの存在を否定するような関係に落ち込んでしまう。その最たる例が、学校のいわゆる「裏サイト」です。先生への悪口や、特定の生徒をいじめるような書き込みが殺到するというネガティブな面が、日々極大化されています。

こうして生まれたネット上の格差は、必然的に収入格差にまで発展します。ネットとは、そういう便利さと怖さの両面があるツールです。

「検索万能社会」であらゆる情報がフラットに

知識のあり方の変容

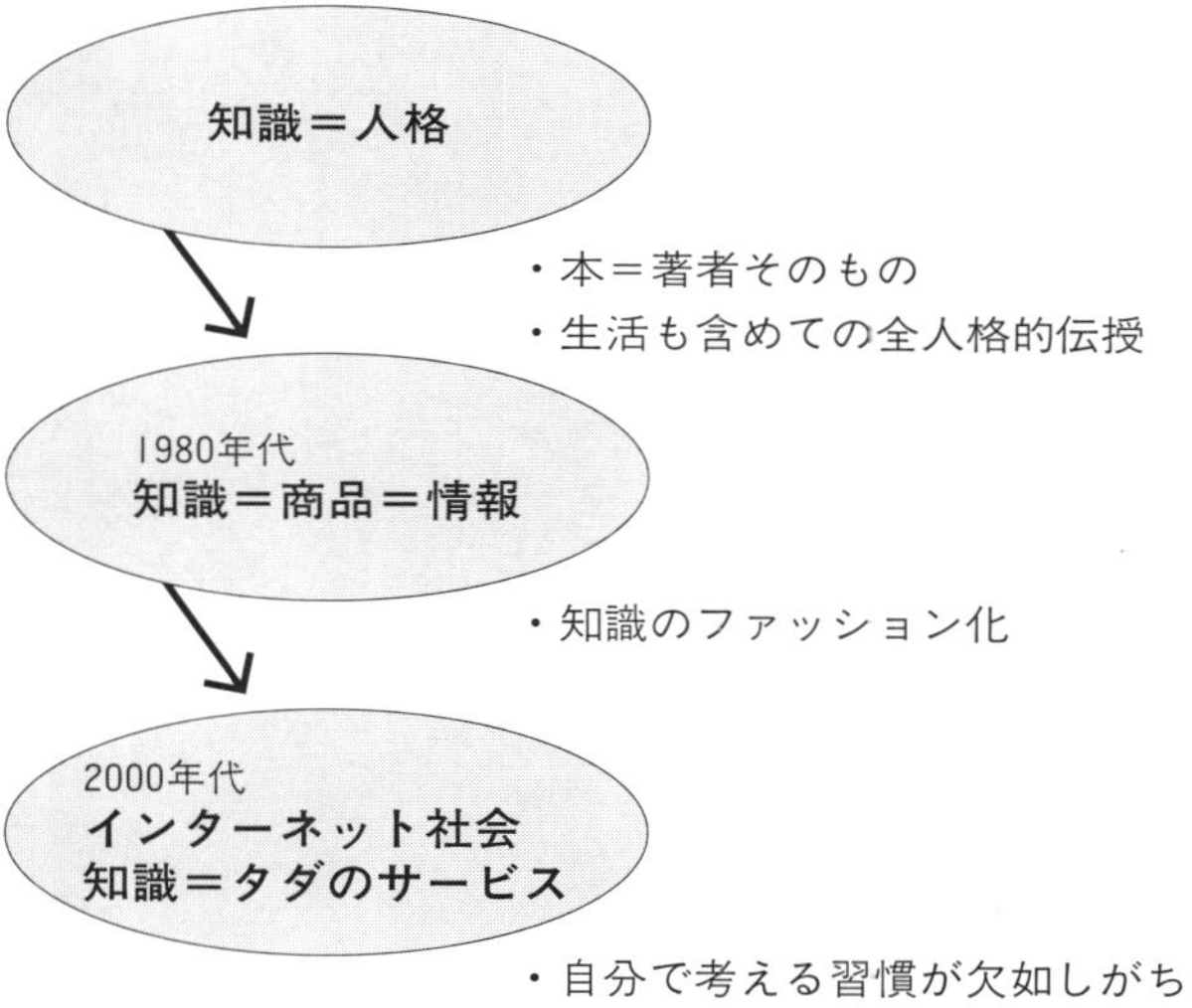

私自身、著作などで情報を発信する立場になって、気づいたことがあります。

かつてなら、情報を生み出したり、苦労して調べたことを発表したりすることは、それ自体が尊敬される対象になりました。たとえば読書にしても、そこで展開されるのは著者と読者の一対一の〝にわか師弟関係〟だと思います。読書の時間とは、著者が自分一人に語ってくれる静かな時間であり、それによって自分を掘り下げる時間である。少なくとも私は、そのつもりで本を読んできたし、書いてきました。

でも今や状況は一変し、「情報はタダ」という認識が一般化しています。どれだけタダで出して知名度を高めるか、あるいは好感度を持たれるかといったことが、情報発信側の勝負どころになっている。それを助長しているのが、検索機能によってタダの情報を自由にセレクトできるインターネットです。言い方を換えるなら、情報の発信者ではなく、ネット利用者のほうが立場的に強者になっているわけです。

本でいえば、何人も並んでいる著者の中から、読者が誰かを指名するという感じです。そしてさっと読み流し、「だいたいわかった」「次はあなた」となる。つまり著者は情報提供者、著書は商品として並列的に存在しているだけで、それをセレクトする読者（消費者）のほうが圧倒的に強いわけです。

ネット上では、この傾向がもっと顕著です。碩学《せきがく》と呼ばれる学問の大家が心血を注いで書いた言葉も、アイドルの言葉も、一般の人による〝街の声〟も、あるいはショップや商品の宣伝文句も、すべて並列的に同じ情報として扱われています。特定のキーワードによって一律的に検索の網にかかるという意味で、同等のポジションにいるわけです。世の中全体が水平化、フラット化した社会になりつつあるといえるでしょう。

しかも受け手側は、バイキングまたはアラカルトのように、自分に必要なものだけを自分の皿にのせる。もちろん苦手なものには手を出さないし、いくら食べ残しても平気です。それによって自分だけの皿をつくるおもしろさはあるでしょうが、少なくとも自己形成に至るのは難しい。なぜなら、そこでは「リスペクト」が決定的に欠けているからです。

もちろん、ネットを使うことによって、志を共有する人を見つけられる可能性は広がるでしょう。その意味では肯定的な使い方もあり得ます。しかし、今日のような「検索万能社会」の中で、リスペクトという「精神のコスト」をかけずに得られるものは、所《しょ》詮《せん》〝それなり〟でしかない。

知識や情報には、敬意を払うという構えがあって初めて得られる種類のものがあります。たとえば「○○門下」に入って生活をともにするといった行為は、その師に対する尊敬の念なしには、とても続けられません。逆にいえば、そこまで師と寄り添うことによって、知識や情報を超えた濃い人間関係や心の習慣を体得していく。それが、その後の人生の推進力になっていくわけです。

あるいはかつて、一週間分の食費を切り詰めてでも、書店に並んで西田幾《き》多《た》郎《ろう》などの本を買った時代がありました。学生をはじめとする若者は、そういうコストとエネルギーをかけていたわけです。なぜなら、そこにあこがれや尊敬の精神があったからです。

重要なのは情報そのものではありません。ある対象をリスペクトする、その深浅が、自分にとっての情報や言葉の意味・価値を決めていくのです。同じ一つの言葉でも、ネット上でたまたま見かけた言葉と、自分がリスペクトという精神のコストをかけて獲得して出会った言葉では、自分にとっての重みがまったく違うのです。

大学教授を引きずり下ろすテレビの性《さが》

同じく社会のフラット化を助長し、象徴しているのがテレビです。

バラエティ番組では、いかに教養がないか、バカであるかを競い合うようなものが放映されています。視聴者はそれを見て楽しんだり安心したり。いわば知性のないこと、あるいはそれを逆手にとって開き直る姿が〝強さ〟として映るような時代になっているわけです。

私も出演を依頼されることがありますが、民放のバラエティ番組の場合、引きずり下ろされる危惧をしばしば抱きます。私は大学の教員なので、知性や教養を職業的に磨いている者として出ます。そういう人間をいかにふつうの人間のように引きずり下ろして見せるか、という意図を制作者側に感じることがあります。たとえば、成功した場合と失敗した場合があるとしますと、編集で残されるのは、たいてい後者です。コメントでも知的なものはよくカットされ、感情的な要素の強いコメントや表情が放映されます。要するに、大学で教えているような人間が失敗する姿を見たい、という意識が視聴者の側にあるわけです。

つまり、テレビはあらゆるものをフラット化して見せることにカタルシスを見出している。これは昨今の日本全体を覆う空気のような気がしてなりません。

その感覚は、教育現場にも及んでいます。もちろん、今でも一生懸命に勉強する生徒・学生はいますが、勉強しない学生のほうが圧倒的に多い。その割合は一対九といったところでしょう。前者は知性や教養を求め、非常に野心に燃えていますが、後者はやる気自体を完全にダウンさせている状態です。そうした人たちから感じられるのは、すべて等しく平らにしてしまいたい、ということなのです。

では日本には、もともと知性・教養に対する尊敬がなかったかといえば、そのようなことはありません。当然のごとく、敬意が払われた時代もあったのです。知性・教養を身につけているのが共同体の中の「先生」という存在であり、尊ばれていました。家庭の中でも、まず先生の言うことをちゃんと聞きなさい、という教育が行われていました。昔の村などの社会では、もっとも高学歴で優秀な人が先生だったのです。だから相応の威厳も持っていました。

しかし現在、状況は変わり、先生の威厳は急速に消えつつあります。尊敬の対象というより、サービス業の一つとして捉《とら》えられる傾向が強まってきています。何でもわが子中心で考え、先生にクレームをつけまくる「モンスター・ペアレンツ」、医者に対する「モンスター・ペイシェント」の出現は、その象徴的な現象です。

この要因の一つは、知性・教養に対する尊敬やあこがれのなさです。子どもも親も、また先生自身も、知性・教養にあこがれを持たなくなった。等しく平らになり、皆で勉強しないままでいいじゃないか、という傾向が強まってきているのです。

このままでは、数十年後の日本がとても心配です。お互いに足を引っ張り合い、フラット化していくままでは、本章冒頭のＰＩＳＡの結果を見るまでもなく、国際的に没落していくだけでしょう。

「内面」のない人間があふれ出す

情報をひたすら消費する社会とリスペクトとは、残念ながら両立しにくいと思います。その前提で考えると、日本が八〇年代以降、バイキング料理のように情報を消費する社会への道を突き進んだことは、そのままリスペクトの精神を失ってきたことを意味します。師を仰ぐのではなく、自分の好みで選べる情報をセレクトしていく傾向が進んだのです。

その代償は、計り知れないほど大きいのではないでしょうか。おかげで、誰の心にもあったはずの学ぶ意欲、向上心、あこがれる気持ちといったものが、根本的にそぎ落とされてしまったのです。

リスペクトとは心の習慣です。何かに対して「これはすごい」「頭《こうべ》を垂れて学びたい」という思いを持てないとすれば、世の中のあらゆるものが平板な情報でしかないことになります。つまり、あらゆる情報・言葉がフラット化してしまっているわけです。そのことが、精神を雑駁《ざっぱく》なものにしてしまっている感は否めません。

言い方を換えるなら、人間の心の潤いというものは、尊敬やあこがれの対象を持てるかどうかで変わってくる。その対象は具体的な人である場合もあるし、教養のようなものである場合もある。いずれにせよ、そこから学ぶこと自体に対する尊敬があって初めて、自己形成の意欲の尽きない泉が湧《わ》いてくるのです。

逆にそれがなければ、自分というものを、外の情報を検索し、活用し、快適な暮らしをするだけの存在としか捉えられなくなります。

ただ消費行動をするだけ、ただどこのレストランがおいしいといった情報を知っているだけ。要するに、自分自身もフラット（平板）な存在になってしまうわけです。そこには、人間にとってもっとも重要なはずの「奥行き」「内面」がありません。

「ノーリスペクト社会」の病理

情報を消費するだけの人ばかりになった社会は、価値を生み出す意欲に欠けるため、先行きが暗い。それは、日本がいまだかつて経験したことのない状況です。

二〇〇七年末、日本の一人あたりのＧＤＰが、ＯＥＣＤ諸国中一八位にまで転落したと報じられました。一九九三年には一位だったことを考えれば、まさに隔世の感があります。それだけ日本は貧しくなったということであり、その理由はやはり、努力しなくなった、勉強しなくなったということです。

ただ、経済についてはこうして数字がはっきり出るため、人々の話題にものぼります。一方で尊敬やあこがれの精神が失われたことによる莫大な損失については、統計データがない分、気づきにくいかもしれません。しかし、努力しなくなったのも、勉強しなくなったのも、あるいは社会の各所がさまざまな形で崩れつつあるのも、根本原因は知性教養や人格に対する敬意のなさにあります。

もともと人間の心には、リスペクトしたいという願望がかならずあります。成長とともに尊敬の対象を変え、自己形成していくのが本来の姿です。

ところが、こういうプロセスを踏まないと、ふとしたきっかけであこがれや尊敬の精神が歪《ゆが》んだ形で噴出してしまうことがある。それが、明らかに怪しい新興宗教への帰依《きえ》や、占いやスピリチュアルなものへの必要以上の依存です。

尊敬の経験が乏しいだけに、人間存在の究極的な意味のようなものを権威的・一義的に規定されたり、未来を予言されたりすると、なんとなく肯定して絶対的に帰属したくなってしまう。つまり自分の人格を、すべて相手任せにしてしまうわけです。そういう若者が、今の日本にはあふれているのではないでしょうか。

自分の人生の事柄に関して責任を転嫁する態度は、「ノーリスペクト社会」の病理です。垂直性を失い、フラット化が加速していく社会の中で、どこまで踏み止《とど》まることができるか。それが、今の日本が直面する大きな課題なのです。

第一章　やさしさ思考の落とし穴

濃い交わりを避ける学生たち

この二十年、私は大学生と関わり続けています。定点観測のように十八歳から二十二歳程度の若者と付き合っていると、彼らの気質の変化を肌で感じることができます。その第一は、濃い交わりが苦手になってきているということです。

たとえば一晩中語り合うことは、私が学生だったころには珍しくない風景でした。誰かの下宿で夜通し酒を飲む。それを飽きずに何回も繰り返す。あるいは同じ下宿に住む者同士、毎晩のように一つの部屋に集まって語り続ける。そういう交流がよくありました。

その前提となるのは、地方から都会に出てきて一人暮らしをする学生が多かったということです。これは、自己形成の一つの原動力になっていました。親元を離れ、食事も洗濯も自分でやらなくてはいけないという状況自体が、大学以上に人間としてのステージをクリアすることでした。

地方出身者が東京という都市に初めて出会ってショックを受け、東京なんかに負けるもんか、東京のバカ野郎、という気概を持つ。それが明治以来、ずっと日本の活力にな

願望の変遷

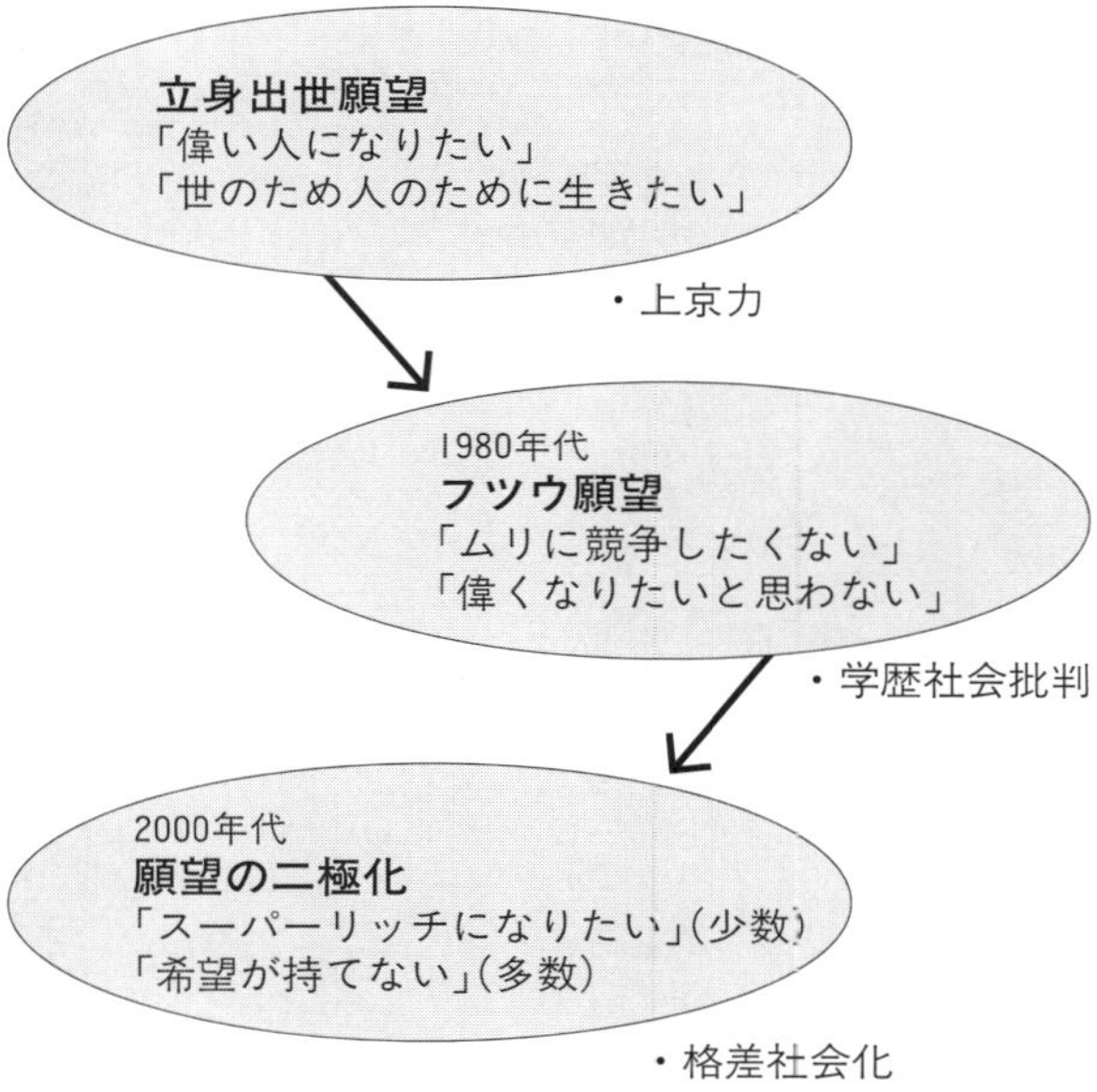

っていたわけです。そんな「上京力」とでもいうべき、上京へのあこがれ、プレッシャー、孤独感、負けん気、誇りと意地といったものが混ざり合って、緊張感のある向上心を生み出していたのです。

　しかし今は自宅から通う学生が多く、大学生活が必ずしも一人暮らしを意味しなくなりました。アルバイトをする高校生も珍しくありませんし、高校生でセックス等を経験する人も多いですから、大学生になったときのライフスタイルの劇的な変化というものが、あまり見られなくなってきています。高校と同じ感覚で大学でも授業を受け、アルバイトをして自宅に帰る。家ではミクシィで時間を潰《つぶ》し、自分の生活空間を侵されない範囲で浅いコミュニケーションをとって寝る。高校の延長線上に大学があるかのようです。

それに関東の大学では、埼玉、千葉、神奈川、群馬などの自宅から通う学生が増えています。静岡でも熱海や三島などから通ってくる学生もいます。その分、一人暮らしの学生が減っているわけです。

私が勤める明治大学でも、最近は飲み会を企画してもなかなか人が集まりません。明治大学はよかれ悪しかれ飲んで語り合う、あるいは必要以上に飲むことが伝統的に継承されてきた大学です。十数年前の学生たちであれば、大学付近の非常に安い居酒屋を見つけては、毎週のように大人数で騒ぎ続けていたものです。

私が夜間部を教えていたころは、授業とは関係ないはずの学生が夜十時まで学内に待機して、授業終了と同時に「飲みに行きましょう」と誘いに来たりしました。翌日が休みであれば、河岸《かし》を変えて朝まで騒ぐのが慣例でした。

そういう時代に比べると、今は飲み会を維持するのが難しくなっています。学生が参加を断るとき、「アルバイトがあるから」とよく言いますが、かつての学生もアルバイトをしていました。それでも時間をつくって、飲み会を優先させていました。それがもっともプライベートで楽しい時間の過ごし方だったわけです。

言い方を換えるなら、今の学生にとって飲み会は、快適なプライベートな時間ではなくなったということです。ゼミや授業で知り合った仲間と飲むことは、プライベートというより、一種の社会的なつき合いなのです。彼らが好むプライベートとは、わずか二〜三人程度の、たとえば高校時代の同級生と連絡を取るといったことなのです。

だからゼミなどで十〜二十人単位になると、それはもはや「社会」になる。おかげで、一体感を持った集団になるまで、きわめて時間がかかるようになりました。人間関係上の体温の低さというものを感じざるを得ません。

幼稚化する中高生

昨今の学生は、一対一のコミュニケーション能力についても未熟な感じがします。たとえば知らない人との世間話は、明らかに苦手になってきています。他人とゆるやかな関係をつくったり、その場を雰囲気よく過ごす術《すべ》を知りません。

自分と関係のある人、仲のいい人とは会話ができるのに、新しい場所で友人をつくることは苦手です。同じ学年・学科の学生同士でも、相互にあまり交わらない。結局、顔は知っているがお互いに話さないまま、ということも珍しくありません。

濃い交わりを避ける傾向は、自分一人の快適なプライベート時間を維持したいという意思の裏返しです。もっと本質的にいえば、自分というものを守りたいという意識がきわめて強いということです。

若い人は、たとえ強気に見える人でも、自分が強固だとは思っていません。むしろ批判されたらガラガラと崩れてしまうような脆《もろ》さを持っています。だから、生き方や価値観、能力といったことに踏み込まれたり、あるいは異性関係について話すことに躊躇《ちゅうちょ》してしまう。自分が裸にされ、実力を試され、場合によっては否定されるようなリスクには耐えられない、というわけです。

かつては「彼女がずっといない」「フラれた」など、いわば自分の弱みを暴露し合いながら仲良くなっていったものですが、そういうものも見せ合わなくなっています。それは恰好《かっこう》をつけたいというより、むしろ傷つきたくない、ささやかな自己意識を踏みにじられたくないからです。

一見自信があるように思える学生でも、他者の目を過剰に意識していたりします。自分自身で自分を支えているというより、他者の承認によって自分自身を支えている。幼稚化していると感じることが多いのは、そのためでしょう。

私の教え子の多くは中学・高校の先生になっていますが、彼らもまた、生徒の幼稚化を日々感じているそうです。たとえば「先生見て見て、私を見て」などとアピールしてくる生徒が多い。いいことをして「見て」と顕示する場合もありますが、わざと悪いことをするときもある。要するに叱《しか》ってもらいたい、かまってもらいたい、認めてもらいたいと思っているわけです。高校生にもなって先生にそういうメッセージを送ってくるということには、いささか驚かされます。

大学生でも、「先生、オレの名前覚えてますか？」と言ってくる学生もいます。存在承認欲求の強さを身に沁《し》みて感じます。

今の大人の中で、中・高・大学時代にそのような感覚を持っていた人は少ないでしょう。まして叱ってもらいたい一心で悪さをしたという人はほとんどいないと思います。つまり、ひと昔前の中・高校生は、そこまで他者に存在の承認を求めなくてもいい状況だったということです。

現在は、他者の前で自分の実力があからさまになることは避けたいと思う一方で、他者による承認も得たいのです。競争には参加せず、自分の実力を高める努力は避けつつ、一方で「君はユニークだ」「唯一無二だ」「資質があるよ」と褒めてもらいたい。そういう都合のいい欲求が目立つようになっています。

「知」と出会わずに卒業していく大学生

最近の大学は、慌てています。定員と若者の数がイコールのため、大学による高校生の青田買い的な現象も起きています。

たとえば「オープンキャンパス」を実施し、できるだけ早期に大学内を見学してもらうというのもその一つです。あるいは、大学教授を高校に派遣して出張授業を行ったりもしています。こうして高校生に大学をアピールし、できるだけ多く来ていただく。そういう消費者（学生）優位の逆転現象が生まれているのです。

昨今の大学は、いわばホテルのようにサービスを手厚くして評判を高めることに必死です。「大学改革」という名の下に行われている多くの改革は、経営難の大学に学生を呼び込むにはどうしたらよいか、という観点がベースになっています。

たとえば、改革の一環として学部・学科を新設することがあります。じつはこれも、学生が集まらずに経営が窮地に陥った場合の、苦肉の策であることが少なくありません。既存の教授たちをもとに、時代に合うようにコンセプトを立てて構想を練り、工夫してつくっていくわけです。

逆にいえば、学生が集まり続け、経営的にも問題がなく、偏差値もキープできていれば、あせって学部・学科を新設する必要は生まれないということです。つまり大学は、経営の論理や経済的な要請を優先させて中身を変えざるを得なくなっているのです。

そのすべてが悪いわけではありません。大学をポジティブに、時代に合った学問のあり方に変えていくことは、いつの時代にも不可欠です。しかし、いかに工夫しようとも、母集団となる学生全体の水準が落ちては意味がありません。

気になるのは、学生の学問に対する熱意のなさです。私はかなり厳しい授業をしますが、そうするとどうしても、しっかりついてくる学生と最初から避ける学生に分かれてしまいます。

ただ昔から、楽に単位が取れる授業に学生が集中するという現象はありました。かつての学生は授業にはあまり出ず、マージャンやサークル活動やアルバイトなど、興味のおもむくままにいろいろな経験を積んでいたものです。それなりに自分の世界をつくって学生生活を謳歌《おうか》し、なおかつ単位も取るという要領の良さを持っていました。

しかし、今の学生はどうでしょうか。サービス向上を掲げる大学は、以前より授業をきっちり行い、出席もしっかり取るようになりました。学生側も、高校の延長のような意識があるため、授業には真面目に出席しています。それに、一応は良い成績を残したいという意思も持っています。おかげでいつの間にか、学生が休講を喜ばないという劇的な変化が見られるようになりました。

では、それだけ学生が学問に燃えているのかといえば、残念ながらそのようなことはありません。彼らの学生としての意識が大きく変わったのです。授業は授業料の対価としてのサービスである、当然サービスを受ける権利はある、権利がある以上そこには行く、というわけです。

そのため、積極的に学ぼうとはしていません。そもそも学ぶとは、野生動物のように自ら知識を狩りに出かけ、貪欲《どんよく》に吸収することです。こうして知を得ることは、友人に伝えずにはいられなくなるような興奮を伴うものです。しかし今の学生に、そういう積極性は希薄です。だから、知との出会いが生まれることは少ない。

私が彼らに他の先生の授業について聞いてみても、知的な興奮を味わった経験はほとんどないようです。どんな知識を得たのかを尋ねても、その説明は要領を得ません。知識がよく身についていないのです。

自分自身で知識を積極的に得ようとしていないので、これは当然かもしれません。その学問に興味を持ち、狩りをする意識で学んでいるのではなく、受動的な学び方をしているのです。もちろん教える側の責任でもありますが、結局、学問の奥深くまで入り込まずに学生時代を過ごし、三年生の半ばになると本格的な就職活動を始めることになります。

彼らにとって就職は非常に大事ですから、この時期になると気も焦って授業どころではなくなります。では就職活動を終えた四年生が熱心に学ぶかというと、それも期待できません。他の先生方も口をそろえることですが、就職が決まると、もう意識が学問から離れてしまう。せいぜい卒論を書く程度でしょう。また卒論のない学部では、単位はほぼ取り終わっているので、あとは学生の身分を維持するだけという状況になります。

こうして、浅く短い大学生活を終えていくわけです。一体、彼らはいつ勉強したと言えるのでしょうか。

読書量の減少は向学心の衰退

今の学生は、知的な本を読む習慣さえ持っていません。

私は毎年四月の段階で、一年生と二年生に最近読んだ本のリストを提出してもらうことにしています。しかしそこに挙がるのは、軽い読み物ばかりです。小説ともいえない通俗小説や、内容の薄いエッセイ、あるいはマンガなどがほとんどです。さほど難解ではないはずの新書レベルの本でさえ、読んでいる学生は非常に少なくなっています。

その原因は何でしょうか。学生たちは、さほど厳しくはないにせよ、高校時代に受験勉強はしています。しかし当時から本は読んでいないので、大学生になっても一般教養をぜひ身につけたいという強い意欲が湧きにくい。そのまま、勉強らしい勉強をすることなく、専門書どころか新書すら読むこともなく、大学時代を通り過ぎていくわけです。

では、そのまま社会に出て、果たして企業の求めるような人材になれるのでしょうか。残念ながら、これもなかなか厳しいようです。

以前、セブン&アイ・ホールディングス会長の鈴木敏文さんにお会いした際、採用したいと思う学生について、「大学で何をしてきたかという質問に対して、サークル活動、たとえばダンスを頑張ってきましたと答えるような学生は採用したくない」と仰しゃっていました（『ビジネス革新の極意』鈴木敏文・齋藤孝／マガジンハウス）。

大学で学んだことを語れなければ、大学を出た意味がない、ダンスのうまい人を採用したいなら、最初からダンスの専門学校の卒業生を採ったほうがいい、ということです。

しかし最近は、「大学だからこそ、学問で○○を得た」と語れる学生は少ない。サークル活動やアルバイトが優先し、大学とは何をする場所かということさえ、はっきりしなくなっている。

基本的な向学心というものは、読書量に表れます。本を読まない学生を見ていると、向学心の衰退を認めざるを得ません。彼らが真面目に授業に出る現象の裏では、こういう事態が進行しているわけです。かつて一九六〇〜七〇年代の学生たちは、授業はサボってもある程度の本は読んでいました。当時と今とでは、対照的な様相を呈しているといえるでしょう。

これは学生にかぎった話ではありません。学生時代に本を読む習慣を身につけないと、社会人になってからはなおさら読みません。実際、大人の〝本離れ〟は深刻です。たとえば読売新聞が二〇〇七年十月に行った調査によると、「この一ヵ月間に読んだ本の冊数」という設問に対し、「読まなかった」という回答が五一・五パーセントにも達しています。敷衍《ふえん》して考えれば、国民の半数以上が一冊も本を読んでいないということです。これでは「バカ社会」になるのも、仕方のないことかもしれません。

自ら転落していく若者たち

せっかく就職しても、三年以内に辞めていく若者が増えています。その背景にあるのは、リストラが日常的になったという社会の大きな変化です。会社という組織との信頼関係が失われたということです。

過去には、組織が自分を大切にしてくれるから、自分も組織のためにがんばろう、という循環がありました。ところが今や、いつクビを宣告されてもおかしくない。そういう組織に対しては忠誠心を持てないわけです。

学校をサービス機関の一つと認識し、愛校心や心身を溶け込ませる一体感を感じにくくなっているのと同様に、会社に対しても愛着を持てない。かつては「会社に骨を埋《うず》める」という感覚の人もいました。「縁があってお世話になっているのだから、この会社でがんばろう」と信頼関係を築く努力を惜しまない人もいました。しかし、いずれも最近は少ないでしょう。

むしろ、もっと条件のいい会社があれば移りたいという意識のほうが強いと思います。つまり就職先を条件で判断し、場合によってはドライに移動していくということです。大手の都銀就職者の、会社を選んだ動機の中には、「転職しやすいから」というものもあります。

ただ、ステップアップのための転職であれば、まだ合理的で理解しやすいでしょう。問題は、次の仕事も決まっていないうちに辞めてしまうケースです。

こういう人は、たいていアルバイトで凌《しの》いでいきます。それぐらいの仕事ならいくらでもあるという現実も、彼らの身軽で短絡的な身の振り方を後押ししています。だいたい月々十万～十五万円程度は稼げてしまうので、会社などいつ辞めても怖くないという感覚になれるのです。

彼らに共通するのは、自分の未来はいつでもつくれるという根拠のない自信に溢れているということです。正社員からアルバイトになったとしても、この自信が揺らぐことはありません。退職を転機にステップアップしていくのだと、何ら具体性のないままに夢見ることができるのです。

しかし現実は、それほど甘くありません。正社員の職を手放した人、あるいはリストラによって職を失わされた人が、どのような現実に直面せざるを得なくなっていくか。日雇いの仕事しかない、住む場所もないという状況まで追い込まれるのに、さほど時間はかかりません。そのあたりの事情は、雨宮処凛《かりん》さんの『生きさせろ！――難民化する若者たち』（太田出版）でも詳しく描写されています。そういう社会構造を、日本はこの二十年でつくってしまったのです。

かつてなら、ふつうの正社員から日雇い労働者に転落するというケースは珍しかったと思います。しかし、今ではまったく珍しくありません。そういう「一寸先は闇」的な状況に気づかず、自らその穴に陥ってしまう。あまりにも簡単に、先のことを考えずに会社を辞めてしまうケースが多いのです。

経済より深刻な「心の不良債権」

こうしたケースを多く見ていると、今は「心の安定」を失いやすい時代なのではないかという気がしてきます。自分はここに骨を埋めるとか、自分のアイデンティティはここにあるといった対象になるもの、あるいは人間関係も含めた信頼関係を見つけにくいのではないでしょうか。それに、「きっと報われるはず」と信じて努力する心のあり方も崩れているようです。

こういう世の中になったのは、ここ二十年の変化によるものだと思います。私はこれを「心の不良債権」と名づけたい。この処理は、土地等の不良債権の処理よりずっと難しい。

たとえば、会社で懸命に働くことで、会社は一生自分の生活を支え続けてくれるという、相互に安心できる関係性を「心の良い状態」だとすれば、会社が自分を信用せず、自分も会社を信用できない関係性が「心の不良債権」の状態です。後者は常に不安を抱え、「今はここにいるが本当はここにいるべき人間ではない」とか、「組織の一員として位置づけられるのはイヤだ」といった思考に支配されています。リストラも当たり前という殺伐とした社会のあり方が共有され、心にまで影響を与えているわけです。

この状況を打開する方法を真剣に考えなければ、日本は過去のパワーを失うことになります。個人が全力を出し、組織もそれを全面的にバックアップするような、ポジティブな信頼関係を取り戻す必要があります。企業の利益が膨らみ、経済が一見上向きなようでも、根本を支えている社員のモチベーションが落ち込んでしまっていては、日本の未来は非常に危ういと言わざるを得ません。

逆に法人としての利益が少なくても、社員が会社のために懸命に働き、また会社側も社員の一生をできるだけ保障するような信頼関係があれば、その会社は伸びていくでしょう。もう少し視野を拡大すると、社会全体として若者に自然に希望や意欲が生まれるような構造をつくることができれば、日本の将来にあまり心配はいらない。

現在は、社会が若者を見捨て、若者も社会を見捨てるという不幸な構造になっている。相互に信頼を損ねる悪循環を促進してしまっています。これは早急に改善していく必要があります。

「夢」しか持てない三十歳代アルバイター

今から十年ほど前のいわゆる就職氷河期に比べれば、二〇〇八年現在の就職状況は格段に良くなっています。売り手市場で大学生の就職も楽になっています。

しかし問題は、まさにその就職氷河期の渦中で揉《も》まれ、現在三十歳前後でなお不安定な生活を強いられている人が大量にいるということです。わずか十年程度の差ですが、生まれた時代によって生涯設計に大きな差が生まれています。富の分配の完全な不平等状態にあるわけです。

将来、たとえば五年後に結婚し、子どもをつくって家を建て、もっと先には親を養って……、といったライフプランを立てようとしても、アルバイト生活では立てようがありません。できることは、せいぜい一、二年先まで食べていけるか、という短期的な見通しを立てることだけでしょう。つまり、未来のタイムスパンが短期化しているわけです。これは、大人の責任です。

組織ではよく、短期、中期、長期の目標を立てますが、彼らは中期・長期の目標を立てにくくなっている。長期ともいえない無定期、無期限の「夢」だけを見て、中長期の展望に代用しているという状況です。彼らの「夢」といっても、街角で歌いたいとか、ダンサーになりたいなど、実現性の低いものばかりです。

こうしてアルバイトで食いつなぐライフスタイルに慣れてくると、さほど将来が不安にも思えなくなってきます。そういう人が増えれば、ますます不安感は消えていくでしょう。皆も同じだからいいや、と安易に構えてしまう。それによって、この状況からますます抜け出せなくなるという悪循環が生まれるわけです。

若者はなぜ「やさしさ」に目覚めたのか

栗原彬さんのロングセラー『やさしさのゆくえ＝現代青年論』（筑摩書房）が出版されたのは、一九八一年のことでした。七〇年代の若者の精神を語るキーワードは、まさに「やさしさ」でした。この本は、過去十年間の「やさしさ」をめぐる価値観の変遷を綴《つづ》ったものです。

それまでの若者にとって、「やさしさ」はさほど重要なことではありませんでした。「真善美を求める」とか「正義とは何かを突き詰める」とか「天下国家を論ずる」といった類《たぐい》のほうが興味を持たれていたと思います。極端にいえば、幕末の吉田松陰が「やさしさ」について論じてはいないはずです。

しかし一九七〇年代に入り、大量生産・大量消費社会の中、競争原理によって金儲《もう》けに成功した人が一番であるという価値観に対立する考え方として、物質主義的ではない生き方が若者を中心にして提唱されました。

あるいはベトナム戦争に対し、罪のない人をあれほど殺していいのか、という当たり前の感性もこれに加わりました。命へのやさしさ、環境へのやさしさ、という概念もこの時代に生まれたのです。

著書で栗原さんが指摘した状況は、その後、多少の変化を見せつつも、ゆるやかに現在にまで連なっています。

最近では、人間中心の世界観にまで「ノー」を突き付けています。自分たちが消費し続けたり、プラスチックや車を捨てたりすることは、環境破壊につながる。これは環境全体や生命全般に対してやさしくないのではないか。こういう考え方が普及した結果、「地球にやさしく」という言い方が共有されるようになりました。「やさしさ」がもう一つの選択肢として大きな比重を占めてきたわけです。それが最初に打ち出されたのが、七〇年代の若者の価値観においてでした。

「やさしさ」とは、社会の中で鍛錬された強さではなく、一種の「傷つきやすさ」ということもできます。物質的な社会に所属したいとは思わない、むしろ外れていたい、という立場です。どこかの社会の枠組みに組み込まれると自分を失う気がするという、所属に対する恐れが生まれたわけです。

「やさしさ」と「自由」の相関関係

いつまでも自分はフリーでありたい、モラトリアムな状態に置いておきたいという思考は、現在ではフリーターというかたちで顕在化しています。どこにもはっきり所属しないことで夢を失わずにいられる、という自己規定ができるわけです。

たとえば、ローンで建てた自宅から会社まで一時間半かけて数十年間通い続け、係長になり課長になり、部長の手前で終わるというサラリーマン人生を歩む人が、かつては少なくありませんでした。骨を埋めるつもりで就職し、家庭をつくり、子どもを学校に通わせるのが、ある種の王道だったと思います。

しかし、こういうモデルを否定し、自分一人の自由というものを優先的に考えるなら、どこかに所属することは不利になります。自分の未来を限定されないために、とりあえずフリーでいたいという思考になるわけです。

それに、会社員としての行動習慣に耐えられないという人も現れています。朝八時までに出社し、夜八時まで働き、その後は同僚と遅くまで飲み、翌朝また早く家を出るというパターンが従来は一般的でした。これは日本のサラリーマンが当たり前にこなしてきた昭和を代表する生活形態です。一種のホモセクシュアリズムではないかと思われるほど、会社の人間と四六時中一緒に行動し、しかも会社の話をする。よほど愛社精神に満ちていなければとれない行動です。

逆にいえば、自分はそこまで会社が好きではないと思ったとしたら、こういう行動はできないでしょう。〃会社漬け〃状態を想定すると、むしろ自分が会社に乗っ取られるような気がするはずです。

会社はかならずしも、人間性を大事にしてくれるわけではありません。自分はもっと人間性を大事にしたいとか、あるいは企業自体が社会的に見れば悪なのではないかという思考に囚《とら》われれば、反動的に「やさしさ」に価値を求めるという選択はあり得ます。

こういう選択をするのは、信念からという場合もありますが、実情としては社会に組み込まれながら自己を伸ばしていくという回路に耐えられないという場合が多いと思います。つまり社会の中に手がかりを求め、這《は》い上がり、充実感を得ていくというプロセスに合わせることができないわけです。こういう社会と対峙《たいじ》しにくい体質というのは、まさに「やさしさ」の価値観であり、同時に弱さであるともいえるでしょう。

たしかに競争や生産を優先し、それ以外をないがしろにしていいという風潮は世界的に見直されつつあります。エコロジカルな生活を目指す、という流れも生まれています。

しかし、だからといって社会やあらゆる組織集団に対してネガティブな態度しかとれなかったり、人間関係の苦手意識から集団に参加できないといったことのデメリットは、非常に大きいと思います。どこに行っても集団というものは存在します。それが苦手だとすれば、もはや家にこもるしかありません。

かつて社会全体が貧しかった時代には、家にこもったまま食べていくことはほぼ無理でした。多少イヤなことも我慢して、働きに出なければいけない。仮に実家に帰っても、仕事をせずにいるわけにはいかない。これが従来の状況でした。

しかし、日本は中流の豊かさを獲得し、家庭にもある程度の豊かな環境が出現しました。家もあり、食べるものもあり、掃除洗濯は母親がやってくれる。子どもが三十歳を越えて定職に就かなくても、一人ぐらいなら養える環境が整ったのです。

社会へのアンチテーゼとしての「やさしさ」

「やさしさ」はカウンターカルチャー（対抗文化）の一種といえます。親が子どもを鍛え、社会が人を鍛え、その厳しさの中で何かを生み出していくのが従来の価値観でした。誰もが努力し、我慢し、しのぎを削りながらつくり上げていくという鍛錬主義こそ、資本主義社会の発展モデルでした。そういう社会が肌に合わない若者にとって、「やさしさ」は別の価値観の旗印になったのです。

そもそも、カウンターカルチャーが生まれたのは六〇年代のアメリカです。アメリカから日本に流入した遊びの文化は、経済成長によって生活を向上させるという大人の会社員の生き方、おじさんの年のとり方とは違っていました。

人に対しても、自分に対してもやさしく、「本当の自分」を見失わない生き方をずっとしていたい。この考え方を「永遠に若者でいたい症候群」と表現すれば、その応援団が「アメリカ化」だったわけです。

昨今はアンチエイジングが隆盛です。いつまでも若くありたいとは、誰もが思うことでしょう。しかし見た目が若いことと、ある種の責任を大人として引き受けることとは、両立できないことではありません。

問題なのは、ずっと若者でいたいから、フリーな状態をキープしたい、社会的な責任を負いたくないと短絡的に発想することです。そして、こういう志向を助長する培養液のような役割を、フリーターというポジションが果たしているということです。

もちろん、社会の構造上、フリーターにならざるを得ないケースもあります。社会が少数の正規社員とそれ以外の大量の非正規社員という構造に変わったため、長期的展望を持ちにくい人が増えてしまいました。社会がそうである以上、フリーターという立場に追い込まれた人たちは、楽観的になるという形でしか自分自身を守れなくなっているのかもしれません。

その意味では、現在の若者気質の原因は、若者の心の弱さというより、日本の社会・経済・文化の大きな変化にあるといえます。

「心の不良債権」の処置を

それにしても、知性や教養に対するリスペクトのなさは異常です。現実問題として端的にこの変化を見ると、日本の将来の展望はきわめて厳しいと思わざるを得ません。

アジア各国に行くと、本屋に座り込み、読み耽《ふけ》って知識をむさぼっている若い人がどこにでもいます。ドキュメンタリー番組では、しばしば、中国の貧しい農村にある学校が取材されますが、小学校の授業料すら払えない家の子どもたちが、口々に「もっと勉強したい」「もっと社会に貢献したい」と語る姿が印象的です。これは、急速に発展する国特有の〝熱さ〟なのかもしれません。

ではなぜ、もともと向上心の高さで世界的に知られ、実際にアジア随一の発展を遂げた日本人がここまで醒《さ》めてしまったのか。もっと勉強したい、もっと社会に貢献したいという熱い気持ちを持つことが、なぜ難しくなってしまったのか。あるいはそういう熱い気持ちをどうすれば取り戻せるのか。

これは、今の日本にとって最重要かつ緊急の問題です。もっとも大事なことは、向上心を失ってしまった若者たちの心に巣くっている「心の不良債権」を、どう処置していくかということなのです。

「ゆとり教育」こそ元凶だ

その問題を考えるためには、日本の基礎教育から見直してみる必要があります。

二〇〇六年に発足した教育再生会議では、そういう問題をしっかり見据えた対策が期待されました。ところが主宰した安倍晋三首相（当時）自身が、今の若者のメンタリティを象徴するような形で退任。ポッキリと心が折れてしまったような印象です。

政治家というのは、まさに二枚腰、三枚腰という言葉を体現するような〝ねばり〟がものを言う仕事です。その意味では、いくら叩《たた》かれても動じないほどの懐の深さが必要でしょう。

しかし、安倍首相は自分の理念を謳《うた》い上げたものの、それがうまく行かずに途中で断念されることになった。精神の状態が身体に影響を与えたということでしょう。そういう現代人が抱えるヤワな循環を、図らずも安倍首相の突然の辞任は象徴していたような気がします。

それはともかく、教育の再生についても、現在はあまりはっきりした見通しが立っていません。中央教育審議会（中教審）は「ゆとり教育」を失敗と認め、土曜日の授業を復活させて授業数を増やすという答申をまとめました。しかし単に授業数を増やしても、あまり実質的な効果は生まないと思います。

そもそも「ゆとり教育」は、受験競争を緩和するという趣旨で導入されました。しかし現実には、受験競争はゆとり教育が必要なほど苛酷ではありません。もちろん一部の難関大学については志望が集中していますが、子どもの総数が減って大学全入時代になっているため、二、三十年前に比べて勉強の仕方がずっと緩やかになっているのです。

実際、大学受験の競争率は落ち、入学試験の問題レベルや点数自体も長期的に見れば低落傾向にあります。東京大学の入試問題を見ても、学力低下を背景にして、易化傾向が顕著になっています。決して高い水準ではないのです。

ただ一方では受験の低年齢化がすすみ、中学受験の競争が激しくなっています。経済誌が中学受験生を抱える親を対象にした雑誌をつくり、それが爆発的な売れ行きを示すほどです。

これも、子どもに受験で将来苦労させたくないという動機からでしょう。早く私立の一貫校に入れてしまえば、余計な受験をしないで済むというわけです。

つまり、早い時期にできるだけいいポジションにつくことで、子どもに無理をさせたくない、という親心があるわけです。中学、高校、大学と受験を経験させて子どもを鍛えようという発想ではありません。

じつは、親自身も競争社会に対して脅《おび》えを持っています。いよいよ富の分配の不平等が現実に起きている以上、「勝ち組」に入らなければ苦労するという、追い立てられるような恐怖感がある。だから、教育にも早く手をつけなければいけないという意識に駆られているわけです。幼児期からの英語教育など、その典型でしょう。

しかし、一生を全うするための心身の基本を培う幼児期に学ぶべきこととして、英語教育は有効なのでしょうか。私はむしろ、この時期は身体と日本語の基礎をつくるほうが重要だという確信を持っています。

「偏差値教育」のどこが悪い？

あるいは、さほど受験勉強をしなくても大学に入るルートが確立しつつあります。通常の試験以外に、自己推薦という形の小論文と面接だけの入試（AO入試）も一般的になりました。入試の多様化にともなって、厳正な競争がどんどん曖昧《あいまい》になってきているのです。

この背景には、教育学者をはじめとして社会全般に広まった、「学力は点数では測れない」という〝迷信〟の影響があります。だから小論文と面接だけで人間性がわかるとか、高校時代に生徒会長をした、運動部で成績を上げたといった〝実績〟が評価の対象になるわけです。

これは一見もっとものような気もしますが、じつは非常に不公正になる危険性があります。公正さを保つには、学力を点数で測ったほうがいい。教科の実力ほど点数で測れるものはないのです。

本当は英語が得意なのに試験になると点数が悪いとか、逆に数学の実力はないのに試験の点数だけ高いといったことは、ほとんどあり得ません。英語や数学ができる生徒は、試験でも点数を取れます。国語でさえその傾向は顕著です。客観的な指標として、試験はかなり正確なのです。

にもかかわらず、それを素直に認めない風潮がある。その理由を簡単にいえば、平等至上主義の教育学者によって、はっきり査定することへの恐怖感が声高に叫ばれたからです。

たとえば以前、否定的な意味を込めて「偏差値教育」という言葉がよく使われました。しかし私は、これをまったく根拠のない批判だと考えています。偏差値とは、テストの平均点を五〇とし、点数のばらつきを分布表で表したものです。つまり個々人の偏差値は、客観的なテストにおける事実に過ぎません。

教科の内容には意味があるはずですから、そのカリキュラムに沿ってつくられたテストの点数が高ければ、その教科が身についていると評価できます。それを評価しないということは、すべてを否定することにつながります。

むしろ点数自体をまるで悪と見なしたり、偏差値という言葉を蔑《さげす》んだりするのは、ある種の弱さの裏返しです。こうして現実と向き合うことを拒否するメンタリティや、長く全国統一試験を拒否してきたという事実には、まさに昨今の教育界が抱える問題があぶり出されているといえるでしょう。

世界に比べても学ぶ力が落ちた日本の子ども

二〇〇七年になって、ようやく全国統一試験（全国学力・学習状況調査）が四十三年ぶりに復活しました。この試験は、実施すると市町村間の格差が露骨になるという理由で中断されていたのです。では今まで、格差を隠していてよかったのか。あるいは試験で学力は測れない、という言説に逃げるのであれば、教育とはいったい何なのかということになるでしょう。

一方で総合的な学習の時間（総合学習）という、比較的点数化しにくい部分も教育していく試みが生まれました。これも意味がないとはいえませんが、学力低下という現実に直面し、中途半端な存在になりつつあります。

結局、「ゆとり」の名の下に生まれたのは、勉強しない子どもが増えたという現実だけです。ゆとりの時間に、一部の勉強する子どもは塾に通っていっそう勉強し、勉強しない九割の子どもは、学校に行く時間が減ったことに比例して学ぶ時間も減らしたのです。

二〇〇七年九月、OECDは各国の教育に関する調査結果を発表しました。それによると、日本の中学校の授業数はアメリカの半分程度しかありません。中学生が日々、ふつうに学校に通っているように見えても、授業時間自体が減っているのです。

しかも、多くの中学生は家庭でも勉強していません。日本の中学生の家庭での学習時間は、先進国中でほぼ最低の部類に属しています。一方でテレビやビデオを見ている時間は非常に長いそうです。

また二〇〇七年四月に文部科学省関連の「日本青少年研究所」が発表した「高校生の意欲に関する調査」でも、憂慮すべき結果が出ています（次ページ）。「偉くなりたいか」の問いに対して「強くそう思う」と答えた高校生は、アメリカで二二・三パーセント、中国で三四・四パーセント、韓国で二二・九パーセントを占めているのに、日本ではわずか八・〇パーセントに止まっています。

あるいは「偉くなる」ことについてという質問では、米・中・韓の高校生とも「自分の能力をより発揮できる」とポジティブに捉えているのに対し、日本の高校生は「責任

高校生の意欲に関する調査

あなたは偉くなりたいと思いますか（一つだけ） （単位：%）

	日本	米国	中国	韓国
1 強くそう思う	8.0	22.3	34.4	22.9
2 まあそう思う	36.1	43.8	51.4	49.4
3 あまりそう思わない	42.7	14.6	9.8	25.4
4 全くそう思わない	10.2	3.5	0.9	2.1
無回答	2.9	15.8	3.4	0.2

「偉くなる」ことについて、あなたの考えに近いのは（いくつでも）（単位：%）

	日本	米国	中国	韓国
1 偉くなると人に使われずにすむ	27.5	25.6	22.9	17.3
2 偉くなると権力を持ち、人を支配できる	27.2	24.8	18.9	31.9
3 偉くなると何でも好きなことができる	18.9	26.8	9.3	25.9
4 偉くなると自分の能力をより発揮できる	42.2	57.7	73.3	55.9
5 偉くなると周りに尊敬される	40.4	57.5	48.6	59.5
6 偉くなるとお金持ちになれる	44.9	52.3	33.1	44.2
7 偉くなると友達が多くなる	10.3	25.2	29.8	12.7
8 偉くなると異性にもてる	7.2	21.7	17.5	11.5
9 偉くなると責任が重くなる	78.9	67.6	64.7	46.9
10 偉くなると自分の時間がなくなる	46.7	17.3	21.6	13.6
11 偉くなるためには人に頭を下げねばならない	27.3	10.3	6.3	20.5
12 偉くなると自己犠牲をしなくてはならない	39.6	44.5	26.0	24.8
無回答	1.2	2.0	0.5	0.0

一生に何回かはデカイことに挑戦してみたい (単位:%)

	日本	米国	中国	韓国
1 とてもそう思う	47.5	63.5	38.9	44.7
2 まあそう思う	37.2	32.8	47.1	47.1
3 あまりそう思わない	13.4	2.4	11.8	6.7
4 全くそう思わない	1.9	1.0	1.6	1.4
無回答	0.0	0.3	0.6	0.1

やりたいことにいくら困難があっても挑戦してみたい (単位:%)

	日本	米国	中国	韓国
1 とてもそう思う	31.6	54.8	44.9	30.5
2 まあそう思う	48.0	36.7	44.3	50.7
3 あまりそう思わない	17.8	7.5	9.7	17.4
4 全くそう思わない	2.1	0.3	0.8	1.4
無回答	0.5	0.8	0.3	0.1

大きな組織の中で自分の力を発揮したい (単位:%)

	日本	米国	中国	韓国
1 とてもそう思う	28.6	34.5	44.6	43.1
2 まあそう思う	41.2	47.8	41.3	43.4
3 あまりそう思わない	25.4	15.4	11.3	11.2
4 全くそう思わない	4.3	1.9	2.5	2.2
無回答	0.5	0.4	0.3	0.2

暮らしていける収入があればのんびりと暮らしていきたい (単位:%)

	日本	米国	中国	韓国
1 とてもそう思う	42.9	13.8	17.8	21.6
2 まあそう思う	37.9	33.0	23.4	40.2
3 あまりそう思わない	14.9	34.7	37.5	27.4
4 全くそう思わない	4.0	17.7	20.5	10.1
無回答	0.3	0.8	0.7	0.7

(出典:「高校生の意欲に関する調査」日本青少年研究所)

が重くなる」「自分の時間がなくなる」と消極的です。

さらに生活意識については、「一生に何回かはデカイことに挑戦してみたい」(アメリカ)、「やりたいことにいくら困難があっても挑戦してみたい」(中国)、「大きな組織の中で自分の力を発揮したい」(韓国)と軒並み将来の希望に胸を大きく膨らませているのに、日本の高校生だけは「暮らしていける収入があればのんびりと暮らしていきたい」と、まるで老人のようにたそがれています。暗澹《あんたん》たる気持ちになるのは、私だけではないでしょう。

ちなみに、同じく日本の子どもの向上心のなさを浮き彫りにした前年の同調査の結果を受けて、数学者の藤原正彦氏は「日本の子どもはバカだということ」とコメントされていました。

かつては当たり前のように思われていた「勤勉な日本人」「向上心にあふれる日本人」の姿は、もはや若い世代においては幻想になってしまったのです。

「モンスター・ペアレンツ」が子どもに与える影響

最近の世の中の傾向として、誰もがサービスを受けることに慣れているという点も挙げられます。とりあえずお金を払えば何かをしてもらえる、小金さえ持っていれば都市では快適に暮らせる、という感覚が染みついているのです。若いから、身なりが良くないからといって差別されることもありません。

学校に対する考え方も、その延長線上にあります。授業料を払っているのだからきちんとサービスしてほしい、という論理を通すようになってきました。特に最近は、親の間でこの傾向が顕著です。いわゆる「モンスター・ペアレンツ」の台頭です。

たとえば、自分の子どもが悪いことをして教師に叱られたとき、逆ギレして学校に文句を言う。子どもが学校に行きたくないと言えば、無条件に休ませる。場合によっては中途退学も厭《いと》わない。あるいは学校に対して、常軌を逸した注文をつける。教師を頭からバカにして、ホテルのドアマンや百貨店の店員に対するように威圧的な態度をとる。こういう勘違いした親が、現在の中学校・高校で日常茶飯事的に増えているのです。

こういう親には、もしかして自分の子どもが悪いのではないか、という謙虚な自己反省意識は働きません。うちの子にかぎってそんなことはしない、うちの子はそんなことを言っていないなど、教師の言うことより子どもの言うことを信用する。子どもを注意するより、子どもと一体化してしまうわけです。

私の教え子である現役の中学・高校教師によれば、最近の子どもと親の関係は、垂直的に厳しく躾《しつ》ける「親子」というより、水平的に楽しみを共有する「友人」に近い。大人としての役割を担いきれていない人が親になっているということです。

ではなぜ、こういう親らしからぬ親が登場するようになったのか。そのルーツをたどれば、戦後のアメリカ化された若者が親になった時代に行き着きます。これについては、第二章で詳述します。

一方、そういう親の下で育てられた子どもは、やはり教師に対して敬意を持ちません。たとえば叱られたり注意されたりしたとき、なぜそれがいけなかったのかを考えるのではなく、どうして私だけが叱られるのか、他の子もやっているじゃないか、と考えるようになる。問題の論点がズラされてしまうわけです。

これは、間違った平等意識であると思います。社会の不公平をなくそうという公共的な意識ではなく、自分自身を守る盾としての「平等」なのです。ネガティブな評価を下されるなら、全員に下してほしい。自分一人だけ貶《おとし》められるのはイヤだ、というわけです。これでは、何の解決にもなりません。

こういう子どもは、社会の厳しさに向き合う心のタフネスを持たないまま成長することになります。そうすると、たとえば職場で現実に直面したとき、自分を守るために「この仕事は自分に合っていない」などと言い訳して辞めていくようになる。前述した、「夢」しか持てない大人の増加につながるわけです。

あるいは「過呼吸」になる人が増えていることも、こういう家庭の増加と関係しているかもしれません。過呼吸とは、突然呼吸が難しくなってしまう症状です。プレッシャーのかかる状況に置かれたとき、この症状が出やすくなります。精神的なものが身体に直接的な影響を与えてしまうということです。最近の女子高などでは、一人の生徒が過呼吸になると、クラスの中で反応して同じ症状を起こす子が出てきてしまうこともあるそうです。

過呼吸がかつてないほど頻繁に見られるようになった背景には、人間関係の中で、プレッシャーの受け止め方や逃がし方といった心の技を鍛える機会が減ったという事情があります。友人のような親子関係に加えて兄弟も少ないなど、質的にも量的にも豊かとはいえない家庭環境で、心の教育がおろそかになってしまったのです。

公立小学校の授業と教科書のレベルを上げよ

私は文科省の「教科書の改善・充実に関する研究」専門家会議の委員として、小学校国語教科書の改善に努めています。昨今の根本の問題点は、一年分の内容が正味一時間弱で理解できてしまうほど薄いことです。たったこれだけの内容を、一年かけて学ぶとはどういうことでしょうか。もしあの教科書で質の高い授業ができたとすれば、それはアクロバティックな芸当です。かぎりなく中身の薄い授業が展開されていることは、間違いありません。

日本ほど文明の進んだ国で、これほど内容の薄い教科書を使っていること自体が異常です。ところが、それを大人たちが異常と感じないままに放置してきた。まずは、この点から改善する必要があります。

私はかねてから「もっと教科書を厚くすべきだ、文章のレベルを上げるべきだ」と言い続け、最近になってようやく会議が開かれるようになりました。以前は、教科書の内容を検討する会議すら、文科省の主宰ではなかったのです。

教科書のレベルを上げなければならない最大の理由は、格差の拡大を食い止めるためです。現在、公立小学校では、授業崩壊が深刻な問題になっています。おかげで、学校に期待しない親が増えています。

中学受験をする子どもは、小学四年生の時点から本格的な塾に行くのが当たり前になっています。彼らが通う塾のレベルはきわめて高く、高校受験を上回る場合も少なくありません。特に算数などは、一般の大人が見ても、おそらく手も足も出ないでしょう。国語で読む文章も、高校入試に使われる文章と遜色《そんしょく》ありません。つまり、そういう塾で勉強した小学生は、勉強しない中学生よりむしろ知識水準が高くなるわけです。この傾向は、すでにかなり一般的になっています。

一方、テレビのバラエティ番組などを見ていると、たまに信じられないほど知識のないタレントが登場します。「バカドル」などと呼ばれ、小学生レベルの問題すら解けないことをむしろ〝売り物〟にしているようです。しかし見方を換えれば、こういう小学生程度の国語力も知識もない状態でも、中学校や高校を卒業できたということです。「バカドル」にかぎらず、一般の大人と受験勉強をしている小学六年生の算数・理科・社会の学力を比較してみれば、おそらく小学六年生のほうが高いということになるでしょう。

これは恐るべきことです。タレントはいいとしても、公立小学校に預けているだけの家庭、あるいは塾に通わせたくても経済的理由で不可能な家庭の子どもは、その時点で将来に響く差をつけられてしまう。

しかも中高一貫校では、中学のうちに高校レベルの学習をすすめています。公立中学ではあくまでも中学レベルに限定されるため、まったく不公平な条件で大学受験に向かうことになる。

こうした条件の差を是正するにはどうすればいいか。それは、公立小・中学校のカリキュラムの質を高めるしかありません。ところが、そうすると落ちこぼれが出てくるとの理由で、逆に教科書の水準はどんどん落とされてきた。それがこの二、三十年の状況です。

おかげで、昭和時代に比べて教育内容がきわめて薄くなってしまいました。このことが格差を助長しているという認識がなければおかしい。

将来の格差を是正するために、今できること

では落ちこぼれをどうするのか、と反論する教育関係者がいます。教科書のレベルを上げることで、できる子とできない子の差を広げることになるのではないか、というわけです。しかしそれは、社会の大きな格差を見ていない議論だと思います。

小学校高学年の時点で学習の環境に差がついてしまうことは、たんに進路が有名私立と公立に分かれてしまうだけではありません。もっと重要なのは、学ぶ習慣がつくかどうかという、生涯にわたる差になってしまうということです。

勉強を厭《いと》わない人と苦になってしまう人。わからない問題に当たったとき、考えることのできる人と投げ出してしまう人。こういう差が生じてしまうことが、もっとも深刻な問題なのです。

学ぶということは、たんに知識を獲得するだけの行為ではありません。そのトレーニングを通じ、わからないことや大量の問題に立ち向かっていく心の強さを培っていくことが、もっと大事なのです。

そのためには、質の高いカリキュラムを用意し、内容の濃い教科書で学ばせる必要があります。しかもそれは、とりわけ小学校から始めたほうがいい。なぜなら、中学生以降になると自主性が尊重されるため、生徒が素直に受け入れない可能性があるからです。

小学生の素直なときに学ぶ習慣を身につけなければ、中学校に進んでも努力や勉強から逃げてしまいます。そしてその後も、永久に立ち向かうことはないかもしれません。これは、国家的な損失です。

たとえば小学校の低学年で、五、六時間をかけて夏目漱石の『坊っちゃん』を音読することを考えてみます。そういう訓練をきっちり行うことによって、脳の強さ、身体の強さ、意志の強さを同時に鍛えていくことができます。そういうパワフルな勉強こそが、学力の格差、将来的には年収の格差を是正する基礎になるのです。

努力することが苦にならない人、向上心を当たり前のように持つ人をつくるのは、まさに小学校の役割です。

第二章　学びを奪った「アメリカ化」

「アメリカ化」する若者たち

戦前と戦後の若者を比べたとき、もっとも大きく変わった点は何か――以前、ゼミの学生たちにこんな質問を投げかけたことがあります。学生は二十数人いましたが、私の考えていた回答、すなわち「アメリカ化」と答えた学生は一人もいませんでした。

なぜ、アメリカの影響が濃いということに思い至らないのでしょうか。理由の一つは、今の学生にとってアメリカ化した若者文化はあまりにも当たり前すぎるということです。影響を自覚できないほど、若者のライフスタイルはアメリカナイズされているのです。

しかし、それだけではありません。もう一つの大きな理由は、アメリカ化される以前の若者の姿について、あまりにも無知であることです。

前の世代がどのような信条を持ち、生活していたか。そこには日本の伝統的な文化の影響と、ヨーロッパからの影響がありました。どちらも戦後には衰えてしまいましたが、そういう事実自体を学生が知らないわけです。

一般には意識されていませんが、現代日本人の心のあり方は、アメリカの若者のそれを遅れて反復している面があると思います。敗戦を機に、日本が受ける影響はヨーロッパ主体からアメリカ主体にはっきりと転換しました。これは避けようもない歴史的な変化でした。

戦前にはヨーロッパの他、ロシア文化の影響も受けていました。ドストエフスキーやトルストイの作品を通じ、日本人は大地と結びついた人道主義を学んだのです。また戦後もソビエトの左翼思想、マルクス主義の影響を強く受けました。しかし思想上はそうであっても、戦後のライフスタイルは完全にアメリカ文化に支配されました。

一九四五年の敗戦から五〇年代までは、アメリカ文化の影響は顕著には見られません。日本にはまだ、戦前の学生文化が多少なりとも維持されていたのです。しかし五〇年代末から六〇年代初頭にかけ、ロックミュージックが一つの大きなメインストリームをつくりました。それを契機として、七〇年代半ばまで、大量のアメリカ文化が流れ込むようになったのです。

その先駆的・象徴的な存在が石原慎太郎氏です。彼が『太陽の季節』(新潮文庫他)で文学界新人賞を受賞したのは一九五五年のこと(翌年、芥川賞受賞)。竹内洋氏の『教養主義の没落』(中公新書)では、その特異性を以下のように描写しています。

石原が一橋大学という旧制高校・帝大的な文化とは異なったところで学生生活をおくったこと、身近に、左翼インテリ風な学生文化つまり「ロシア型」学生文化とはちがったジャズとダンスとヨットに興じる「アメリカ型」学生文化（裕次郎）をみることによって彼の作風が練りあげられたのだろう。

また、実家の湘南に帰って消費社会という目新しい風俗に触れたこと、作品の解説を書いた三島由紀夫が「石原氏はすべて知的なものに対する侮蔑の時代を開いた」と述べていることも紹介しています。

これは五〇〜六〇年代の話ですが、社会の最先端ではこういう変化が起きていたということです。

アメリカ文化の影響が及んでいるのは、日本だけではありません。たとえば以前、NHK—BS1の「地球アゴラ」という番組にコメンテーターとして出演したときのこと。この番組は、海外に住む日本人とインターネットのウェブカメラを使って対話をするというものですが、インドネシアに在住して現地の人にマンガを教えている女性が紹介されました。

もともとインドネシアにはマンガ文化がなく、最初は日本のマンガを真似するだけだったのですが、最近になってようやくオリジナルのマンガが生まれつつあるそうです。その一つに、自分の両親の青春時代を描いたものがありました。つまり、七〇年代の若者を描いたマンガです。

そこに登場する主人公は、長髪にバンダナを巻き、ジーンズを穿《は》いてギターを弾いていました。つまりインドネシアの七〇年代の青春というものは、六〇年代アメリカの青春のスタイルとほぼ同種類だったわけです。

教養に対して「ノー」を表明する国・アメリカ

アメリカの若者文化はカウンターカルチャー（対抗文化）でした。ボクシングのカウンターパンチと同様、自分が無から建設するというより、現在あるものに対立する、ないしは否定する形で成り立っていた文化運動だったわけです。

対抗の対象は、一言でいえば「伝統的な知」、つまりヨーロッパの古典主義です。たとえばギリシャ・ローマの伝統であるギリシャ哲学や、シェイクスピアやゲーテといった全世界的な人類の知的遺産と考えられている権威あるものを指します。それらに対して、アメリカの若者文化は「ノー」を表明したのです。

政治制度にしても、民主主義を超えて社会主義的リベラルを目指す「ニューレフト」という運動が起きていました。この新左翼的な運動を積極的に担っていたのが若者たちでした。

彼らが共有していた意識は、否定と破壊、つまり現状に「ノー」と言い続けることでした。たとえば、明らかに政策的に行き詰まっていたベトナム戦争に対して「ノー」と言うのが正義でした。あるいは公民権運動に賛同し、黒人の権利を妨げるものに対して「ノー」と言うことにも、社会的な正義が保障されていました。

これらの面だけを取り上げれば、彼らの活動は民主化に貢献した若者の政治運動であり、新しい価値観への転換であると評価することもできます。しかし、現実への影響としては、若者の知的な面での後退を招いた感も否めません。『アメリカン・マインドの終焉』(アラン・ブルーム、菅野盾樹訳/みすず書房)によれば、エリート学生でさえ伝統から切り離され、昔の学生に比べて知的に沈滞してしまったということです。

フランスの政治学者トクヴィルは、もともとアメリカ人は書物を有する国民ではなかったと指摘しています。それに、互いの権利を承認するための訓練は不要、哲学も不要、国民性に見出されるあらゆる違いも捨象《しゃしょう》でき、アメリカ人には一日でなることができる、と述べています。

ではフランス人に一日でなれるかというと、それは無理です。デカルト、パスカル、モンテスキュー、ラブレー、ラシーヌ、ルソーといったものに対する教養がなければ、フランス人とはいえない。そういう敷居の高さが、一員になろうとするときのヨーロッパにはあるわけです。

しかしアメリカ人には一日でなることができる。簡単にいえば、アメリカ人になるのに教養は必要ないということです。つまり教養に対するリスペクトがない。その国民の基本的なあり方が若者たちに正当性をもって主張されてしまったのが、一九六〇年代アメリカの特徴だったわけです。

ロックで簡単に得られる快感

これに付随した現象として、アメリカにおける音楽というものの圧倒的な比重の大きさも挙げられます。前出の『アメリカン・マインドの終焉』では、以下のように分析しています。

本には縁のない学生たちも、音楽となるときまって聴く。音楽への耽溺《たんでき》ほどこの世代にきわだった現象はない。世はまさに音楽の時代で、若者の魂はいつも音楽とともにある。……音楽こそ彼らの情熱の対象であり、音楽ほど彼らを興奮させるものはない。彼らは音楽と無縁のものは何ひとつ真剣に受けとめることができない。学校にいるときも家族といっしょにいるときも、彼らが願っているのは、ただ自分だけの音楽の世界にひきこもることだ。

これはまさに、今の日本の若者そのものでしょう。こういう姿は、日本の若者にとって、昔から当たり前だったわけではありません。戦前にも音楽はありましたが、聴くものはクラシックが中心でした。多くの学生は音楽なしで過ごし、そのかわり勉強を中心とした生活をしていたのです。

それに比べ、この時代のアメリカでは、急速に音楽が生活の中心に入り込んできました。しかも、音楽とともに自分の世界に引きこもってしまうようになった。その現象をライフスタイルとして結実させてしまったのが、「ウォークマン」の登場です。これによって、自分自身の快適な空間を持ち運べるようになったわけです。

『アメリカン・マインドの終焉』でも、「彼らがウォークマンを離さないかぎり、偉大なる伝統のことばは彼らの耳に届きようがない。長いあいだ耳にあててきたウォークマンをはずしてみたとき、しかし、彼らは何も聞こえなくなったことに気がつくのである」と批判的な意見が述べられています。

ジャンルでいえば、クラシック音楽が流行したわけではなく、ロックミュージックが対抗文化の屋台骨を担っていました。これに対するブルームの評価は非常に厳しく、「私の思うに、ロック・ミュージックは若者の想像力を衰退させ、一般教養教育の本領である芸術と思想に対して若者が情熱的な関係を結ぶのをきわめて困難にしている。……ロック・ミュージックは早熟のエクスタシーを提供する」(同書)としています。

つまり、音楽は麻薬に似ているというわけです。音楽を聴くのには努力も才能も徳も不要。要するに努力しなくてもエクスタシーを味わうことができる、ということです。

エクスタシーとは、かつては地道な努力の果ての達成感から得られると考えられていました。ちょうど登山のようなものといえるでしょう。単純に一歩一歩進んでいくことによって、最後にパノラマ的風景を味わうことができる。こういう感覚が共有されていたのが、後述する書生文化や教養文化です。

しかしロックミュージックによって得られる快楽には、努力の必要がない。脳の興奮状態を、地道な努力とは無関係に得ることができてしまう。そのことが、本を読んで自己形成していくという活動を困難にしている、というわけです。

簡単に快楽が手に入るのであれば、苦労して山登りをする必要はない。むしろ音楽で感性を解放することのほうが、古くさい権威に頼るよりよほど大事なのではないか——こういう一見もっともらしい主張が、若者文化の台頭によって是認されてしまったわけです。

誰でも易《やす》きに流れやすいものです。楽なほうがいいといった主張は、それを正当化する論理が与えられたことによって、異常な加速を見せました。努力しないで脳の興奮状態を味わう、「気持ちいいことが好き」という方向に単純化されていったわけです。

大衆消費社会という面から見ても、消費者としての若者は比重を増してきました。それは、ロックが莫大な利益を上げるビジネスに成長したという事実からも明らかです。

かつて日本は、鉄鋼業などのいわゆる重厚長大産業が支配していた社会でした。ところが今や、ロックミュージシャンの書く曲も大きな利潤をもたらす時代です。若者文化自体が経済的に見て重要なファクターになり、社会の中で存在感を高めてきました。その影響を、若者たちはストレートに浴びているわけです。

「性の解放」が日本にもたらしたもの

単純な快楽を提供する大きな柱の一つがロックミュージックだとすれば、もう一つの柱がドラッグであり、もう一つのもっとも大きな柱がセックスでした。

ロック、ドラッグ、セックスというものは、もともとヨーロッパ的ではありません。もちろんブリティッシュロックが存在するように、ロックはイギリスを抜きに考えることはできません。しかし、「アメリカ化」を考える上で外せないのがこの三つです。

セックスに関しては、それまでよりも気軽に行ってよいとする「セックス革命」がアメリカで起こりました。これにより、性的関係がずいぶん変化しました。いわゆる「性の解放」です。

六〇年代初頭から性表現の制約が少しずつ見直され、ゆるくなっていきました。以前は若い男女の同棲を親や教師はとがめましたが、やがてそれも自由になりました。女子学生たちも、セックスに興味があるとか、すでに体験済みだということが周囲に知られても恥じなくなりました。彼らは、若くてもセックスをする権利を獲得したわけです。『アメリカン・マインドの終焉』には、以下のような記述があります。

……学生同士の同棲は、二〇年代には危険視され、三〇年代、四〇年代にはきわどいとか奔放だとか見られたものだが、いまではガール・スカウトに加入する程度の日常事となった。

また、「情熱の欠如こそ、セックス革命がもたらした最も顕著な結果である」(同書)と弊害についても言及しています。

性的な関係がフリーになる傾向は、現在の日本では歯止めがなくなっています。七〇年代には上村一夫の『同棲時代』というマンガや映画が流行《はや》りましたが、そういう時代を経て、今や女性の初体験年齢は高校生ないし中学生までかなり低くなっています。またそのことに関して、親も禁止しにくくなっています。性的な領域が、親の干渉できる領域でなくなりつつあるのです。

今の親世代には、自分の親の世代に比べ、子どもの世界を邪魔してはいけないという自己規制に近い意識が大きく働いています。「性の解放」の潮流が正当性を持って社会に是認されたため、親自身も禁止することを「古くさい」「リベラルではない」と思うようになっている。そこで子どもに自由を与えることを優先させ、厳しく制約をつけるしつけを軽視する子育てを実践したのです。つまり、親の権威というもの自体が、対抗文化の隆盛とともに著しく減退したわけです。

「親の言うことはきかない」という態度も、アメリカにおける若者文化の一つの特徴ですが、これも日本に流入しました。肯定的に見れば、親からの独立心が強いということもできます。しかし否定的に見ると、親の代まで受け継がれてきた、ある種伝統的な知識や経験知、常識といったものが、次の世代に伝達される回路を失ったということも意味しています。

また親と分離された若者たちが、仲間どうしでいわば共同体をつくったことにより、社会の強者になっていった面もあります。

長い間、若者は、年齢が上の世代によって行動を制限され、抑圧を受ける不自由な世代でした。しかしその後、若者たち自身が音楽を味方につけ、セックスのパワーを体感し、政治的な発言の正当性も獲得するようになりました。

もともと若者は心身のエネルギーを多く持ち合わせている上、お互いに強く結びついたため、その潮流は社会の中できわめて大きくなりました。いろいろな意味で、親の世代より優位に立つことになったわけです。

日本でその影響が顕著に現れたのが、「援助交際」です。簡単にいえば十代の売春ですが、昭和時代には考えられないことでした。それが平成になると、「援交世代」と世代化されて呼ばれるほど、大きな社会問題となった。しかもその世代が、今はもう親になっています。これからの日本では、自己を完全に商品化してしまった人たちも子育てをしていくわけです。教育の新しい局面に向かうことになります。

では「援交」の大元がどこにあるかといえば、それもやはり若者のアメリカ化に大きなターニングポイントを認めることができます。

「教養主義」はいつ没落したか

ここまで述べてきたように、六〇～七〇年代の日本は、ヨーロッパの古典的な教養から離れ、むしろそれを否定するようなアメリカの対抗文化に飲み込まれていきました。

ただ、ここで日米の学生をしっかり区別する必要があります。前述したとおり、アメリカの学生は本をまったく読まないと批判されていますが、この当時、日本の学生はまだ読んでいたのです。

ところが七〇年代半ば以降、キャンパスから教養主義が駆逐されていきます。その結果、岩波新書の初版部数がこの時点でピークを迎え、以後下がり続けます。『教養主義の没落』で紹介された『岩波新書の50年』（岩波書店編集部編）によると、七〇年前後の全共闘の時代を境に、それまで全読者に占める割合の第一位だった大学生が、どんどん順位を下げていった。

また同書で竹内氏は、書籍購入者に占める大学生・短大生の実質的なシェアが、六五年から九五年の三十年間で八分の一にまで縮小したとの試算を示しています。

六五年までは教養主義がキャンパスの規範となる文化でした。しかし一九七二年になると、教養主義の形跡はほとんど見えなくなります。ここで言う教養主義とは、倉田百三《ひゃくぞう》や阿部次郎などに代表される旧制高校的なものです。「ポスト全共闘世代の大学生にとっては、教養主義に代表される知識人文化は、もはや執着の対象ではなくなったのである」と竹内氏は指摘しています。

それ以前の学生は、もっと読書への執着を持っていました。同書には、五五年に京都大学で実施されたアンケート調査も紹介されています。それによると、当時の学生は十日に一冊は教養書を読み、読書時間は一日一・八時間。そして九三パーセントの学生が教養書を読む時間がもっとほしいと回答しているそうです。

教養書の中で感銘が深かった本の第一位は『ジャン・クリストフ』（ロマン・ロラン、豊島与志雄訳／岩波文庫他）、また七一・六パーセントの学生が『若きウェルテルの悩み』（ゲーテ、高橋義孝訳／新潮文庫他）をすでに読んでいたという結果が出ています。

これは京都大学のアンケートなので、対象はエリート学生であるといえます。しかし、むさぼるように教養を獲得したいという学生たちの文化は、かつては間違いなく存在していたということです。

また六一年に大学生になった竹内氏自身も、夏休み前に図書館や書店で本を仕入れ、帰郷して読むのを楽しみにしていたそうです。

……昼間は海水浴をし、夜は本を読むという生活をした。また、勉強会と称して友人たちと、禅寺に数日宿泊したこともある。しかし、わたしが格別勉強家の学生と

東大生の蔵書数の変遷

（単位：%）

	100冊以下	101〜150冊	151〜200冊	201〜300冊	301〜400冊	401〜500冊	501〜600冊	601冊以上
1974年	15	13	16	17	15	10	6	7
1979年	13.8	13.6	13.7	16.0	16.1	9.1	5.5	11.3
1981年	12.9	13.3	15.0	17.1	14.3	9.9	5.0	11.8
1982年	15.3	14.9	12.3	17.0	15.4	6.7	4.7	8.6
1986年	27.7	15.0	13.1	16.1	10.5	4.6	2.5	9.2
1989年	34.8	15.7	15.1	12.2	8.3	5.2	1.4	6.3
	50冊以下	51〜100冊	101〜200冊	201冊以上				
2000年	37.1	23.2	21.7	15.8				

（出典：永嶺重敏『東大生はどんな本を読んできたか』平凡社新書）

いうわけではなかった。（『教養主義の没落』）

東大生の読書生活百三十年を調べた『東大生はどんな本を読んできたか』（永嶺重敏／平凡社新書）には、知的な読書欲の低下を示すデータが載っています。このデータについて、永嶺氏は、こう言っています。

　この調査は、「読み捨てにするものを除いてあなたがいま持っている本の冊数」をたずねたものであるが、最も少ない一〇〇冊以下のクラスが一九七四年（昭和四九）から八九年（平成元）の間に倍増している。二〇〇〇年の調査では、ついに五〇冊以下の項目を新設しているほどである。

そして、驚くべきことに、二〇〇〇年度では五〇冊以下と一〇〇冊以下のクラスの合計が全体の六〇％に達してしまっている。七四年の調査では、一〇〇冊以下はわずか一五％にすぎなかった。

一〇〇冊の蔵書といっても、一メートル幅の書架だと三—四棚に収まる程度のものにすぎない。しかも、この調査には「読み捨てにするものを除いて」とあるのみで、教科参考書的なものも含まれているらしいので、それを含めて一〇〇冊というのは非常に少ない。ましてや、五〇冊以下となると二棚程度にすぎず、しかもその回答数が二〇〇〇年には四割近くに達している。

ヒッピー文化が再興した「身体論」

学力水準において最高ランクとされる東京大学においてさえ、「なぜ学ばなくなったのか？」という問いが成立するほどに、知的向上心の低下は顕著なのです。

旧制高校が廃止された一九五〇年以後も、六〇年代半ばごろまでは教養をより多く獲得したいという文化は続いていました。それが駆逐されるきっかけとなったのが全共闘運動であり、その終了とともに完全に駆逐されました。言い方を換えるなら、教養を大

自己形成から自分探しへ

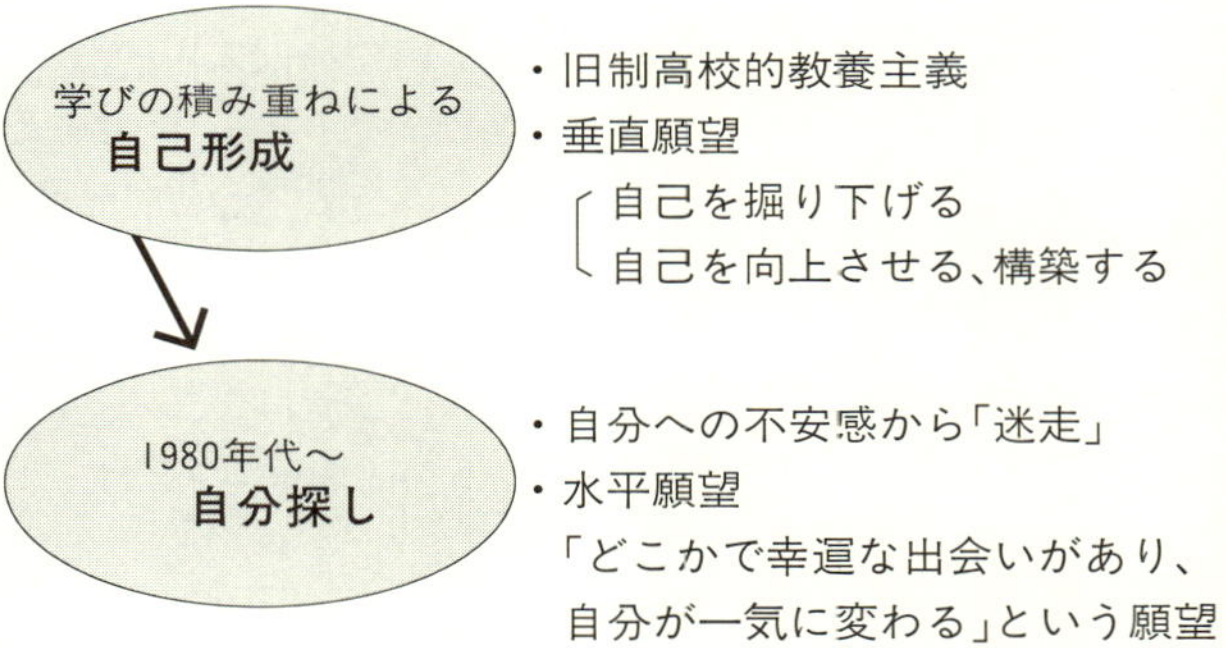

事にする文化の時代が終わり、否定して破壊しようとする文化が若い世代に共有されたということです。

この変化には、まだ、権威づけられた古典的教養を否定しようとする「意志」が働いていました。しかし、やがてその意志も消えます。ポスト全共闘世代においては、否定するという意識もないまま、あるいは何を学び、何を学ばないかという意思決定もないまま、ただ本を読まなくなったのです。

この傾向はその後、急速に加速しました。現在の学生においては、授業には真面目に出席する一方で、自己形成にかかわる一般教養を読書によって培っていくという生活習慣はほとんど根づいていない傾向を感じます。

さらにいえば、読書によって自己形成をするという発想自体がもはや理解されないのかもしれません。今の若者はよく、〝自分探しの旅〟に出かけます。むしろ外部との接触や日常生活から離れることによって、自分の新たな面を見つけることができるのでは、という意識が共有されています。いわば〝旅する魂〟のようなものです。

その源流をたどってみると、やはり六〇年代アメリカのヒッピー文化に行き着きます。家から離れ、若者だけで漂流し、さまざまな人と出会い、コミューンと呼ばれる集団生活を行うというライフスタイルです。

ただこの集団は、まったく無教養な状態だったわけではありません。東洋への回帰という思想も合わせ持っていました。特に瞑想などの宗教的な技法が復活していた。『60年代アメリカ』(トッド・ギトリン、疋田三良・向井俊二訳/彩流社)によれば、七〇年代初めにカリフォルニア州のビッグ・サー海岸のエサレン・インスティチュートから広がり、治療と精神鍛錬技術を教える「ワークショップ」が展開されて、産業と呼べる規模にまでなった。

「出会い」の技法やゲシュタルト療法、生体エネルギー療法、瞑想、マッサージ、呼吸法、あるいは気軽なレクリエーションセックスといったものが、西海岸の一つの文化、新しい文化となったわけです。

そこには東洋の生き方を身体技法として取り入れたという文脈があり、それがまた日本に流れ込み、七〇年代に「身体論」が流行することになります。この流行は、「我思う、ゆえに我あり」というデカルト的な自己意識は理が勝ちすぎている、という文脈で位置づけられました。

自分たちは身体としてまず存在しており、その身体をフルに働かせることで世界を実際に感じ取っている、という考え方が身体論です。身体を通じ、自分たちはもっと深い認識の世界にたどり着けるはずだという考え方が、身体に対する再評価につながったのです。カリフォルニア文化を媒介として、日本人は再び東洋の叡智《えいち》に出会うという、逆輸入に弱い日本人特有の面が身体技法の面でも現れたわけです。

こうしてカリフォルニアは、旧来の抑圧された自己を解放する象徴的な存在となっていきました。十九世紀から二十世紀半ばまでの知の伝統は、人間を抑圧する悪であり、それから逃れて自らのエネルギーをすべて解放することが善である、という非常に単純化された図式が公認されていました。「本なんか読まなくていいじゃないか」という世代が生まれてくるのも、避けられない事態だったのです。

「中身」より「見た目」重視へ

それぞれの時代において、異性関係における若者の評価ポイントは移り変わっています。かつてバブル時代には、背が高い、学歴が高い、収入が高いという「三高」がもてはやされました。それが現在は、イケメンかどうか、つまり見た目がよいことが非常に重んじられ、学歴や収入が高ければモテるという甘い時代ではなくなってきました。

振り返ってみると、日本の男性が「スタイルをよくしなければ」という強迫観念にかられるようになったのは、完全に戦後からです。

私の父親は大正十四（一九二五）年の生まれですが、あるとき「お前たちの世代は可哀相だな」と話していたことがあります。「脚が長いから恰好いいとか、短いから恰好悪いとか、そういうバカげたことを言う時代だから」というのがその理由です。父に言わせれば、「自分たちが若いときは、そんなことを言う人間は一人もいなかった」そうです。

本来、日本人の身体は、腸が長いために胴長・短足です。そのほうが着物を着たときはサマになるし、重い刀を二本差して早く移動するにも便利です。あるいは相撲を取るにも重心が低いほうが安定しているし、田植えをするにも腰に負担をかけません。生活や風土を考えれば、意外と理にかなっているわけです。

ところが今は、脚が長いほうがより欧米的である、だから恰好いい、という価値観が支配的です。機能的な利点に目もくれず、見た目が欧米人に近いことを重要視する。じつはそのようなことは、明治時代にも戦前にもありませんでした。明治時代にも「欧米化」は盛んに行われ、その影響も大きかったわけですから、見た目も欧米にならう傾向があっても不思議はないはずです。

しかし当時の日本人は、自分たちの胴長・短足に対してコンプレックスを持ったりはしませんでした。それより、知的な能力や向上心をフルに活用し、彼らの文化に追いつくことに精神を集中していたのです。

また、こうして向上心を持っている人こそすばらしい、という価値観が男性どうしの間で共有されていたし、女性から見た評価も同様でした。結婚するときも、見合いがほとんどだったため、見た目のよさはそれほど問題にならなかったのです。

しかし戦後、アメリカ化される途上で、映画の中で反抗する若者を演じたジェームズ・ディーンが日本でもヒーローになります。彼が映画の中で穿いていたジーンズも象徴的な存在となり、恰好のいい若者へのあこがれが生まれます。

あるいはロックミュージシャンにしても、見た目はいいほうがあこがれの対象になりやすい。だから太らずにいてほしい、という思いが募るようになりました。こういう価値観が嵩《こう》じて、若者の異性間の評価基準として、見た目の比重がどんどん増していったのです。

二〇〇〇年以降、この傾向はますます加速しています。性は一見自由化しているようですが、「性の平等」は実現されていません。「富の不平等」に似て、持てる者と持たざる者の差が非常に大きくなっています。単純にいえば、女の子の八割を二割の男の子が独占している状況です。あるいはもっと過酷かもしれません。

前出の『アメリカン・マインドの終焉』でも、「セックス革命」で得をしたのは老人より若者であり、醜いより美しい者だった、と指摘しています。フリーになったからといって、平等になったわけではないのです。

あこがれの対象は白人文化から黒人文化へ

六〇年代のアメリカ文化は白人の若者がリードしていましたが、最近はむしろ黒人文化の影響力のほうが強まりつつあるようです。街で見られるストリートダンスのリズムのルーツは、黒人のダンスにあります。メロディーよりリズム中心の動きであり、カーペンターズやサイモン&ガーファンクル的なメロディーラインの美しいポップスより、ラップが主流になりつつあります。

言葉をちぎって投げつけるようなラップの歌い方は、黒人のスラングがベースになっています。お金と教養に乏しく、ふだんから俗語を使うような階層の人たちが、対抗手段や自己表現、社会批判の一つの手段として始めた面があります。そのスタイルが、黒人以外にも共感を得て広がりはじめたわけです。

たとえばビッグネームであるエミネムは白人ですが、非常に貧しい出身です。つまり貧しい白人が黒人文化に同化して表現しているということです。あるいは日本人も黒人ではありませんが、やはり貧しさを押しつけられた若者がラップを使って自己表現している、という傾向も見られます。

日本は、全体としてはまだ貧しくありません。しかし現実には、お金が高齢者にばかり集中しています。預金残高をみれば明らかなように、五十歳代以上が富の大半を独占しているのです。

一方、若者にはほとんどお金がありません。時給八百〜九百円という待遇で働かざるを得なかったり、正規雇用の口がないという状況の中で、貧しい黒人文化になじむのは自然なことかもしれません。

若者のファッションにしても、たとえばズボンを異常にずり下げる穿き方をよく見かけます。ベルトが太ももあたり、股下がひざあたりといった具合です。見た目には滑稽以外の何ものでもないのですが、じつはニューヨークの黒人が多く集まる地区でのインタビューなどを見ると、まさにあのようなファッションが当たり前に定着しているのがわかります。また、街中でキャップをかぶるのも黒人文化の影響でしょう。

七〇年代の日本の若者は今よりもっと貧乏でしたが、貧困性は表面化していませんでした。アメリカの文化が反体制・反伝統から、貧困を背景にした社会批判的なアピールの形へと展開したのに合わせて、日本の若者もアメリカの下層部分からの影響を強く受けるようになったのです。

ついでにいえば、これらが幅広く導入されたもう一つの理由は、バスケットボールの流行だと思います。マンガ『スラムダンク』(井上雄彦/集英社)の大ヒットで子どもたちにバスケット文化が浸透しました。バスケット競技自体は黒人のものではありませんが、マジック・ジョンソンやマイケル・ジョーダンなど、アメリカのプロリーグ・NBAで活躍した中心選手の多くは黒人です。

こうして、しだいに黒人のヒーローが増えたこともあり、日本の若者はあこがれの対象を白人の若者文化から黒人の若者文化へと移していきました。これも、アメリカ化の一過程であるといえます。

私の若者たちと接している感覚としては、ズボンをずり下げている若者が知的読書習慣を持っていることは、あまりない感じです。そうした若者たちは、まず古典的な教養に対するリスペクトがないように見えます。むしろ、そのことに開き直りの精神を持っているようです。

「教養？　そんなものが何になるんだ。自分たちの文化はそういったものとは別なんだ。俺たちのダンスを見てくれ、ヨォ」といった感じでしょうか。あの「何々してくれ、ヨォ」と言って手首を独特な形にくねらせるのを見ていると、あまり本などは読まないだろうな、ということが容易に推測されます。

頭の良し悪しはさまざまな文脈で判断されるので、一概に言うことはできません。あるいは努力の有無を問うにしても、働いているのなら何らかの形で日々努力をしていることになります。しかし、黒人をモデルにしょっちゅう踊っている若者たちが、世界共通の教養といわれる本を読んでいるかといえば、その期待は薄いでしょう。もちろん、黒人文化に教養がないなどと言おうとしているわけではありません。あくまで日本の若者の話です。

アメリカ文化の優れた部分は導入せず

では、日本の若者はアメリカ文化のすべてを忠実に取り入れたのかといえば、そうではありません。むしろ非常に中途半端な採用だったと言わざるを得ません。

アメリカという国の基本にあるのは、フロンティアスピリット（開拓者精神）、インデペンデントな気概（独立心）です。彼らは希望を胸に西海岸へ進出し、旺盛に次々と開拓地を突き進んだ結果、最後には月まで行ってしまったわけです。

それに加えて、インディビジュアリズム（個人主義）も発達しています。これ以上冒すことのできない個というものの力を信じ、その努力によって自分というものを自立させる。そういう個の集まりが、結果の平等ではなく機会の平等からスタートする。その結果、富を得るものは得るが、敗れるものは敗れる。競争はあるがフェアプレーであるというのが基本です。

しかし、このアメリカ的な「どこまでも行くぞ」というフロンティアスピリット、チャレンジを続ける強い気持ち、恐れのなさ、勇気、あるいは民主主義に対する強い意志などは、日本の若者文化には根づいていません。そのかわり、大人社会に反抗しつつ、結局大きな制度にはぶら下がるという生き方を選択した。つまり、日本的な「甘え」が消えない中での若者文化だったわけです。アメリカ文化の導入は、この点できわめて中途半端だったといえるでしょう。

その結果、自分たちはどうすれば自我を確立できるのかというモデルが、日本人自身もわからなくなってしまいました。すべてアメリカ人を真似れば話は簡単だったのですが、本当にアメリカ人のメンタリティを持った日本人は、そうはいません。アメリカはそれなりに厳しい国ですが、その厳しさはもともと日本の家庭にはないものです。

逆説的になりますが、アメリカには、たとえば「USA！　USA！」と叫びさえすればお互いに自立心や共感を実感できる、という幸せな単純さがあります。野球のメジャーリーグの試合では、七回になると必ず愛国歌「ゴッド・ブレス・アメリカ」が球場内に響き渡ります。そのときには、松井秀喜やイチローのような日本人選手も、あるいは他の国出身の選手も、かならずキャップを取って整列しなければなりません。

なぜ、こんな面倒な〝しきたり〟があるのか。アメリカでは、愛国心を持つことがほとんど百パーセントの善とされています。逆にいえば、それによって連帯感を持たせなければ、バラバラになる危険性がある。それほど、さまざまな地域からさまざまな人々が集まった国であるということです。

もっとも、アメリカの若者たちは、いろいろと自国の文化を批判して従来の伝統を否定する一方で、新しい価値をつくり上げていきました。これはまさにアメリカという国の大きな存在理由であり、特徴でもあります。つまり若者たちは大人の文化を否定しているように見えながら、じつはもっともアメリカらしい行動をとっていたわけです。

しかも彼らは「そうしている俺たちはかっこいい」と自負し、「そういう認識を保障してくれるアメリカはいい国だ」と思っている。その意味では、アメリカは愛国心を抱きやすい国であるともいえます。自分がアメリカ人であるというアイデンティティも持ちやすいはずです。

精神の柱を失い、金銭至上主義へ

一方、日本では、素直に愛国心を持てない雰囲気がありました。左翼的な思想を持つ人によって、「愛国心」が右翼的な発想であり、そのまま軍国日本の復活になると喧伝《けんでん》されたためです。また、戦前の軍国主義に対する嫌悪感から、愛国心という言葉には拒否反応がありました。おかげで、日本を讃《たた》えたり、日本人であることに誇りを持つといったアイデンティティはつくりにくくなったのです。

かつて賛否両論を喚起した「新しい歴史教科書をつくる会」が発足したのは、湾岸戦争時にアメリカで燃え上がった愛国心を目の当たりにしたのが一つのきっかけだったそうです。民主主義の先端であるアメリカ人がこれほど愛国心を声高に叫ぶなら、日本も従来の歴史をポジティブに見直してもいいのではないか、というわけです。

メンバーは今までの歴史観を自虐史観として捉え、もっと自信を持って語れる歴史があってもいいはずだと考えた。彼らの活動によって、歴史観の〝ゆり戻し〟が提起されたわけです。

しかし、この思想は社会に広く受け入れられたとは必ずしもいえないでしょう。多くの日本人は、自分たちがどのような自己形成をすべきかというモデルをすでに喪失しています。たとえば伝統的な禅を中心にしたもの、などと設定することができなくなっています。

これがヨーロッパであれば、ゲーテが典型的に示したように、世界精神につながるような教養と知性に満ちた人間になっていくというモデルがあります。しかし日本では、そういうモデルも教養主義の没落によって否定されています。

かといってアメリカ人のように単純な自己肯定意識、ポジティブなチャレンジャー精神、フロンティアスピリットといったものにも馴染《なじ》めませんでした。特に八〇年代以降は、精神の柱を見失った中での自分探しという、朦朧《もうろう》とした状態にまみれていったというイメージです。

それはちょうど、日本経済がバブルに向かって突き進んだ時代と重なります。努力もせずに金儲けができたため、大人世代も浮き足立った時期でした。これによって、従来の日本を支えていた勤労精神が否定または無視、軽視されました。それと連動して、日本人の精神の荒廃が急速に進んでしまったのです。

現在のヨーロッパに金銭至上主義があるかといえば、おそらくあまりないでしょう。たとえばイギリスはたしかに階級社会ではありますが、それは出自によって決まるもので、収入の多寡に直結しているわけではありません。

あるいはフランスやイタリアをはじめヨーロッパのどの国でも、「お金は人生の至上のもの」「お金さえあればなんとかなる」などとは言わないのがお約束です。もちろん、実際にはお金があるほうがいいでしょうが、金銭至上主義を前面に出すのは下品なこととされてきました。それより、豊かな人間性こそもっとも重要であるという価値観が、当然のものとして共有されてきたのです。

しかし、バブルから今日に至るまでの日本では、金銭というものが幸福感の中で非常に大きな比重を占める傾向があります。しかも、それは日本固有のものではなく、アメリカの価値観が日本に移植されてきたのです。

広がる格差、崩れる信頼関係

日本の経済政策も、ここ十〜二十年間はアメリカ化しています。社会の富の分配が偏ってきているのです。

アメリカの一般的な会社では、組織の上層部、マネージャークラスの人間が莫大な報酬を得る一方、一般労働者は日本よりずっと低い給料で働かされています。昨今の言葉になぞらえていえば、「勝ち組」が多くを取り、「負け組」にはあまり与えられない社会なのです。

これは、かつての日本ではあり得なかった仕組みです。富の分配という点で、日本は実質的に社会主義がもっとも成功した国の一つと見られていました。

昭和時代に生きた人の多くは、若いころは貧しくても、結局自分の親の世代よりずっと豊かになりました。ふつうの人がふつうに働くだけで豊かになり、家や車を持つことができた。その中で「一億総中流化」という言葉も生まれ、誰もが自分のことを「中流だ」と感じられる社会が実現していたわけです。

ところがバブル崩壊以降、その歯車が狂いはじめます。不良債権が溜《た》まって不況が続く中で、人員整理によって当座の危機を乗り切るという建前の下、リストラという名の無法な首切りが社会的に是認されるようになりました。それが契機となって、アメリカ社会化が一気に進んでいったのです。

かつて日本の会社には、家族的で温かい人間どうしの信頼関係がありました。しかし、リストラの横行でそれは失われ、いつ首を切られるかという恐れが恒常化しました。若者が会社に忠誠心を持ちにくくなったのは、こういう事情も影響していると思います。

現実問題として、国税庁の調査（民間給与実態統計調査）によると、二〇〇六年に一年を通じて勤務した給与所得者数は四千四百八十五万人。そのうち年収三百万円以下の人は三八・八パーセントにあたる約千七百四十万人。〇二年時点では三四・九パーセントだったので、約四ポイントも増えたことになります。また二百万円以下の人は二二・八パーセント、一千万人以上に達しています。年収二百万円以下では、生活はきわめて厳しいでしょう。

その一方、年収一千万円超の人の割合は五パーセントで約二百二十四万人。こちらも少しずつ増えています。つまり、低収入な人と高収入な人が増え、中間層が減っているわけです。これはアメリカ化以外の何物でもありません。富の分配の偏りと、その固定化が気になるところです。

「学び重視」から「遊び重視」への大転換

三浦展《あつし》氏の『下流社会』（光文社新書）をきっかけに、内田樹《たつる》氏の『下流志向』（講談社）をはじめ「下流」という言葉もよく聞きます。そこに属する人の特徴は、モチベーションが上がらないこと。自分できちんと学習し、教育も受け、何かを立ち上げていこうという動機づけ、平たくいえばヤル気が湧いてこないということです。

つまり、勉強のような地道な努力を嫌い、それをせずに何かを得たいという思いがあるのです。とりあえず今、目の前に快適な空間があればいい。ラクなジーンズを身につけ、好きなロックやラップを聴いて心身ともにリラックスできればいい。それが彼らのマインドです。社会との関わりとは別に、自分だけの幸福を志向するようになっているのです。全員が引きこもっているわけではありませんが、閉鎖的でこもり気味の意識が広く浸透している感は否めません。

もちろん、若者の中には、儲ける意欲に満ちた人もいます。そういう人たちは懸命に勉強し、経済活動にも勤《いそ》しんでいます。ただし、その目指すビジネスでの成功が志に支えられたものであるか否かは疑問があります。

自分にとっての快適な空間を第一に考える昨今の若者と、従来の「学ぶ」ことを主軸に自己形成してきた時代の若者とを比べると、まさに隔世の感があります。

「遊ぶ」と「学ぶ」を天秤《てんびん》にのせると、かつては後者のほうが重かったはずなのに、今では前者のほうがずっと重い。そういう大きな転換が起きました。そのきっかけが、若者のアメリカ化という現象だったわけです。

第三章　「書生」の勉強熱はどこへ消えた？

司馬遼太郎はなぜ「書生」にあこがれたのか

ここで、時代を百年以上前まで巻き戻してみたいと思います。

明治時代、日本には「書生」と呼ばれる若者が数多くいました。今の時代に「書生」と聞いてピンと来る人は少ないかもしれません。まして「自分は書生である」などと言う人がいたとしたら、その人は相当の変わり者か、百年前からタイムスリップしてきた人でしょう。

夏目漱石の『吾輩は猫である』（岩波文庫他）の冒頭では、書生を「人間中で一番獰悪《どうあく》な種族」と紹介しています。「この書生というのは時々我々（猫）を捕《つかま》えて煮て食うという話である」とあります。どうも連中は猫にとっては危険なものらしい、というのです。

その真偽はともかく、袴《はかま》を穿《は》き、羽織の袂《たもと》に本を入れ、東京中をあちこち歩き回りながら、友人と談論風発で天下国家を論じる。あるいは先生の家に寝泊りしながら勉強し、家の手伝いもする。書生とはこういう存在です。人生の一時期をこうして過ごす若者がいたわけです。

司馬遼太郎は、「自分は生涯一書生でいたい」という意味のことを書き残しています。それも若いころではなく、日本の歴史というものを捉え直した大功績ある作家として認められた後のことです。

なぜ司馬ほどの大作家が書生にあこがれたのか。それは、驕《おご》らず高ぶらず、常に学ぶ精神を持ち続けたいと願ったからだと思います。自分は未熟である、だから勉強という修行を積むのだということでしょう。これは単に自分自身を戒める言葉ではなく、書生であることこそ喜びであるという意思表示です。

これは、多くの人に共通することではないでしょうか。今までの人生を振り返り、一番ワクワクしていた時期はいつだったかと考えてみると、たいてい勉強に燃えていた若いころです。もちろん、自分の好きな科目だけを学べたわけではないし、受験となると競争原理も働きます。その意味では、かならずしもいい思い出ばかりが残るわけではないでしょう。

しかし、自分が遊びと勉強の記憶を比べてみると、意外と後者のほうが印象に残っているものです。図書館にこもってひたすら勉強したり、友人とハードな勉強合宿を組んだりした記憶を呼び起こすことは、「いい時間の過ごし方をしたなあ」という思いと相まって、幸福な気分になれるのです。

おおいに遊ぶことも、若い時代にしかできない特権かもしれません。しかし猛烈な勢いで学ぶことも、多大なエネルギーを必要とします。人生において、もっとも恵まれた状況にいるときならではの活動なのです。

もちろん、定年後にふたたび大学に行きはじめたり、八十歳になってもまだ勉強を続けているという人もいます。学ぶことに遅すぎるということはありません。ただし、高齢になってなお向学心に燃える人の多くは、青年時代にもっと学びたかったという思いを残してきた人なのではないでしょうか。

高齢者の間では、古典的な教養へのあこがれが高まってきています。「現役時代は忙しくて忘れていたが、四十年ぶりにもう一回、古典文学を読んでみたい」「このまま一生、『奥の細道』を読まずに死ねるか」といった思いが頭をもたげてくるのです。

『姿三四郎』に見る師匠と書生の濃すぎる関係

その意味では、一生懸命に勉強する人までいなくなったわけではないでしょう。しかし、こういう人を「書生」とは呼びません。

まず「書生」には「師事」、つまり先生を求めるという行為が不可欠です。かつては、誰を先生として選ぶかが大問題だったのです。

たとえば、私が若いころに夢中になった本に、有名な『姿三四郎』（富田常雄／新潮文庫・講談社文庫）があります。非常に時代錯誤的な小説ではありますが、これがおもしろい。登場人物の一人である矢野正五郎先生のモデルは、柔道の総本山である講道館をつくった嘉納治五郎《かのうじごろう》。諸派に分かれていた伝統的な柔術を、柔道という形にとりまとめ、世界のスポーツとして発展させる礎《いしずえ》を築いた人物です。

矢野先生の家には、戸田雄次郎という若者が住み込んでいます。彼はお手伝いさんではありません。先生の柔道に対する造詣《ぞうけい》の深さや技の見事さ、あるいは知性・教養――矢野先生は帝国大学を出て学習院で教鞭をとっていた――にあこがれて、一緒に住まわせてもらっていたのです。

そこで毎日、戸田は庭に畳を敷いて稽古をする。理論の勉強もする。そういう日々の中で、先生は戸田に生き方を教えていくわけです。後に先生がリューマチで歩けなくなると、戸田は先生の身の回りの世話を焼いたり、背負ってトイレに連れて行ったりするようになります。

あるいは、「これからどこまでも上にいこう」「立派になろう」「伸びていこう」といったセリフを恥ずかしげもなく言い合ったりする。女性もときどき登場し、お菓子などを持ってきたりしますが、この二人の間には入れません。この二人は夫婦でも友人でもなく、ともに学び合うという独特の師弟関係です。書生とは、こうして師匠と密な関係をつくりながら、いろいろなことを学んでいくライフスタイルを指すわけです。

ところで、やがてこの二人のもとに、新たに二人の入門生が訪れます。そのうちの一人が、壇義麿という身体が大きくて気性の荒い青年でした。彼は、矢野先生の実力がどの程度のものか試してみたいという気を起こします。先生は身体も小さいから、きっと理論ばかりで実地の柔道は大したことはないだろう、とタカをくくるわけです。

先生はそれを見透かし、「ならば庭にむしろを敷いて稽古をしよう」という話になる。そして立ち合った瞬間、壇は「自分は殺されるかもしれない」と恐怖を感じます。先生の自然体があまりにも美しいので、その時点で先生との技量の差を悟ったのです。

実際、壇は先生に簡単に投げられてしまいます。これによって、彼は入門を決意するわけです。

「深交力」があればこそ

若者たちは全国から東京に出てきます。柔術で名を上げたい、学問で名を上げたいという望みを抱きつつ、どこかにいい先生はいないかと探し回ります。

壇義麿の場合も同様でした。店で飲みながら「東京も大したことないなあ」などと言っていると、横から「いやいや東京にはクズも多いがすごい先生も多いよ」などと言う人が現れて、「あの男を知っているか」という感じで矢野先生のことを教えてもらう。こうして先生との接点が生まれたわけです。

まず東京に出てみよう、そして先生を探そう、見つけたら門を叩いて家に入り込んでしまおうというのは、よく考えればきわめてずうずうしい勝手な行為です。一種のストーカーに近いといわれても、仕方ありません。

一方、受け入れる先生の側は、ともに学ぶといえば聞こえはいいものの、寝る場所を与え、ご飯も食べさせながら教えなければならない。これはそう簡単なことではありません。それでも、実力のある先生ほど書生を受け入れていました。

たとえば日本を代表する民俗学者である折口信夫《しのぶ》は、自身がホモセクシュアルだったこともあり、多くの書生や弟子を同居させたり抱え込んだりしていました。弟子だった加藤守雄さんの著書『わが師折口信夫』（朝日新聞社）によると、いろいろ感情が絡んで難しいこともあったようです。家庭にまで深く入り込むような師弟関係だからこそ、もっとも濃い人間関係がつくられるわけです。

あるいは福沢諭吉の『福翁自伝』（岩波文庫）でよく知られるとおり、緒方洪庵と福沢諭吉の関係も師弟です。諭吉は青年期に、大坂（大阪）の適塾で緒方洪庵にたいへん世話になります。病気のときも世話になり、授業料が払えないときも心配して取り計らってくれたりした。諭吉は「生涯この恩は忘れない」と書いています。

また師匠との関係だけではなく、書生仲間どうしでも切磋琢磨します。ともにおおいに学び、おおいに遊ぶといったところでしょうか。住み込みが原則なので、必然的に人と深く交わる力がついてくる。

ふつう、人と仲よくなることを「親交を深める」といいますが、師弟関係や書生仲間の人間関係の濃さはその比ではありません。より深く交わるという意味で、「深交力」をつけたといってもいいでしょう。

師匠は書生たちの面倒を見るに当たり、学問や芸事とは関係のない自分の生活のあらゆる面を晒《さら》す。それによって、書生は師匠から学問や芸を支える本質的な部分を盗み取っていったわけです。

師匠がふだん、どういう意識で、何を考えて生きているか。どういうリズムで生活しているか。これらを日常で感じ、次に師匠が何がしたいのか常に気を回すことによって、師匠の思考法に慣れていった。つまり師匠に芸を学ぶ時間より、一緒に生活する時間のほうがずっと長かったわけです。まさに深く交わることにこそ、意義があったのです。

そして、こんな生活の大前提になっていたのが、書生の師匠に対する「リスペクト」の心です。少しでも師匠に近づきたい、あやかりたい、見習いたいという気持ちがあればこそ、ともすれば不自由を感じる日々にも耐えることができたのです。

大家族、居候、書生が当たり前だった時代

ところが、書生は社会からすっかり消え去ってしまった。これは、日本にとってたいへんな損失だと思います。それも何かのきっかけがあったわけではなく、自ら知らず知らずのうちに手放してしまったような気がします。

要因の一つとして、社会全体に書生を容認するような懐がなくなりつつあることが挙

げられます。かつてはどの家にも、地方から出てきた若者の面倒を見るという度量の大きさがありました。あるいは遠い親戚や、ちょっとした知り合いなどをしばらく家に住まわせて養うことも少なくありませんでした。貧しいながらも家に置いて食べさせていたのです。それを象徴するのが「居候」ですが、今ではこの言葉も死語に近いのではないでしょうか。

おかげで、昔の家族は夫婦二人に子ども二人、というわけにはいきません。祖父母に加え、お手伝いさん、職人さん、それによくわからない人も含め、総勢十数人が常時出入りするような混沌とした家族も珍しくなかったと思います。

実は私が育った家でも、小さいころは家具の職人さんが大勢出入りしていました。食事時ともなると、住み込みで働いている若い職人さんに加え、通いの職人さんも一緒に食べるのがふつうでした。それに父親の兄弟も大勢いましたから、いつも二十人前後が出入りする、ごった煮のような家でした。

そういう中で暮らしていると、人間関係が否応なく濃くなります。嫁と姑のように悪いほうに濃くなる面もないわけではありませんが、とにかく親しみを含んだ濃い関係になる。若い人が住み込んでいることは、私にとってごくノーマルな形でした。他人が家族と同じようにご飯を食べて寝泊りしているということに、かなり慣れていたと思います。

もちろん私の家ばかりではありません。こういう大人数の雑多な家族というものは、まだ昭和三十年代くらいまでは残っていたのです。

「同じ釜の飯を食う」

身体性という観点から見ると、書生は他者と自分の身体が触れ合ったり交わったりすることに慣れた状態です。よく生活全般のことを「衣食住」と表現しますが、彼らは「衣」にはいっさい気を使わなかったので、「学食住」と言い換えることもできます。学ぶことが、食べること、住むことと一体化しているわけです。

今なら、学ぶのは学校で、食事などの生活は家族、と分けるケースが普通でしょう。その点、「学食住」が一体となった状態というのは、学ぶことに身体的なコミュニケーションの基盤がありました。これが非常に大きな違いです。

たとえば「同じ釜の飯を食う」という言い方があります。ゼミ等で合宿に行くと、やはりお互いの関係性が身体レベルで馴染んできます。議論も遠慮がちにならず、本質的なものになりやすい。つまり、深く交じり合うことでコミュニケーションの基盤が生まれ、そこに「学ぶ意欲」が育ってくるのです。

逆にいえば、「学ぶ意欲」が育つ土壌というものがあるとすれば、それは若い人どうしのコミュニケーションの濃さであると思います。一緒に食べたり住んだりすることで、身体的なコミュニケーションが深まる。それが競い合ったり支え合ったりするエネルギーになり、学問を深める意欲を生むのです。

学ぶことが身体的だった素読世代

かつては、そもそも学ぶこと自体が身体的だった時代もありました。唐木順三は著書『現代史への試み』(筑摩書房)の中で、これを「素読《そどく》世代と教養世代」として区別しています。

素読世代とは、夏目漱石や森鷗外をはじめ、二葉亭四迷、内村鑑三、西田幾多郎などの世代、その最後尾として永井荷風を指しています。彼らに共通しているのは、まず漢学の素養があること。たとえば江戸時代生まれで明治時代の作家である幸田露伴の作品を読むと、いかに漢文が彼の血肉となっているかがわかります。

しかしそれだけではなく、学び方自体が素読方式でした。姿勢を正し、師の後を復唱しながら身体に沁み込ませていく読み方です。こういう「技としての読書」とも言えるノウハウが身についている世代なのです。

『現代史への試み』によれば、素読世代には四書五経《ししょごきょう》的な骨格があり、表現がどうであろうとも儒教的・武士的な、卑屈を嫌う高潔さがあったとあります。この世代はそういう土台の上に西洋を吸収していった。つまり、西洋の学問文化に没頭しながらも、根本では無意識のうちに儒教的な精神を持ち続けたということです。素読世代にはすでに、西洋に没頭しきれない人格や性格が形成されていた。こう考えると、彼らを深く理解することができます。

もう一方の教養世代とは、芥川龍之介の世代です。芥川から雰囲気が変わってくると記しています。白樺派も教養世代になります。彼らは大正時代に活躍した世代と言い換えてもいいでしょう。

明治の文豪は「一家」を背負っていた

明治時代の文化を支えたのは、実は漱石、鷗外といった江戸時代に生まれた人々でした。あるいは文学者ではありませんが、新渡戸《にとべ》稲造も明治維新前の生まれです。武家出身の彼は「刀を捨てることにものすごく不安を感じた」と自伝に書いています。

彼はその不安を打ち消すために勉強しはじめた。つまり彼の精神形成にとって、武士だったことは重要な要素になっているわけです。

武士は身体的な学びを非常に重視します。漢文の素読もそうですが、剣術の修行をはじめ、あらゆることが身体でできなければ意味を持ちません。頭でっかちではなく、身体そのものを通して学ぶことが当たり前という考え方です。それを踏まえているのが素読世代というわけです。

それに対し、知識の量や幅の広さを誇るようになったのが教養世代です。両者の間には、学ぶことの身体性という点で、大きな溝があるといえるでしょう。素読世代を音読世代と言い換えれば、教養世代は黙読世代ということになります。

現代の私たちから見ると、漱石も龍之介も同じ遠い過去の人に見えてしまうかもしれません。しかし、よくよく作品等を読めば、大人度に相当な違いがあることがわかると思います。

漱石は悩み抜いた人ですが、一方で一家を背負い続けた人でもあります。もともと産みの親はいるが頼れる親はいない、という感じでした。鷗外も含めた彼らの世代は、精神のあり方として、何かを背負った生き方が当たり前だったのです。しかも、その養った人数が尋常ではありません。「一家」の単位が大きかったので、それだけ多くの人を食べさせていた。小説を書きながら、家名に恥じない形で一族郎党の面倒を見ていたわけです。

こうして大人としての責任を果たしながら、さらに近代日本全体までも背負う心構えを持っていた。一家の大黒柱、国家の屋台骨にならなくてはいけないという思いでいたわけです。

一方、大正の教養世代は白樺派に象徴されるように、比較的いい環境で育ちながら、親に反抗して違う生き方を選びたがる世代です。志賀直哉もそういう親との葛藤を書いています。

彼らは前の世代とは違う、現代につながるものを持ち合わせている世代です。しかし現代と違うのは、知識や教養の幅広さを誇る傾向があること。これは現代においては薄れていますから、それだけでも立派だと評価することができるでしょう。それが身体的な修行としての学びではないにしても、また多少ペダンティック（衒学的《げんがく》）なところがあったとしても、幅広い教養を読書で身につけること自体は否定されるべきではないでしょう。彼らも、学ぶことにおいて修行意識がなかったとはいえません。現代から見れば、たいへんな勢いで学んだ世代です。

しかし彼らが学んだのは寺子屋ではなく学校でした。欧化主義が明らかになり、家庭もその規準が揺らいでいた時期です。人格を形成する規準が失われた時代に育ったわけです。しかも活動を始めた大正時代は、日露戦争の勝利、隣国ロシアの革命という複雑で混沌とした社会情勢でした。「明治という国家」を背負った世代と比べると、この世代は、傍観者として批評的、個人的にならざるを得なかったのです。

いずれにせよ、こうして唐木順三が指摘したように、学ぶということの身体的な要素はどんどん変わっていきました。知識というものが、求めればいくらでも得られる時代になったのです。たとえば国内外の名著と呼ばれるものは、岩波文庫（一九二七年発刊）をはじめとして数多く出版されるようになりました。すべてを消化したい人にとっては、たいへんいい環境が整ったわけです。

一方、素読世代は、読むものがある程度限られていました。しかし、そうした人々の教養のほうが、骨格がしっかりしていた。吸収して活用する力が強かったといってもいいでしょう。限られた教養をたんに自分の作品に生かすだけではなく、根本的な生き方の柱に据えていたのです。

若い時代の「修行」が糧となる

書生がいた時代というのは、「自分が今、修行期にいる」という意識自体が日常的に反復され、「技化《わざか》」していた時代であるともいえます。

自分が修行期にある、とはっきり言い切る若者は、現在では非常に少ないでしょう。むしろそういうセリフを聞いたら、「新興宗教か何かにハマっているのか」と詮索したくなるほどです。「修行」という言葉自体、若者にとって縁遠いものになっています。

武道の世界では、「稽古」という言葉を使います。それを集中的に行えば「修行」に近くなります。これなら比較的実感しやすいでしょうが、最近は武道もスポーツ化し、「トレーニング」という言い方が主流になっています。

しかも競技性が高まっているため、ただ勝つためのトレーニングが中心です。身体を鍛えたり、心を練るといった大きな目的が薄れてきているのです。

いわんや勉強においてをや。「今、自分は知性を磨く修行期である」と認識し、腰をすえて勉学に臨んでいる人は稀《まれ》です。これは、若い時期をどう捉えるか、という意識の変化に起因しています。今は勉強するより、青春を謳歌する、意識を解放するというベクトルのほうが強くなっているのです。

福沢諭吉は『福翁自伝』の中で、これとは正反対のことを述べています。彼は若いころ、薬を飲むような気持ちで勉強したそうです。それが何の役に立つか、いくら儲かるかといった目的は関係なく、苦ければ苦いほど効く、難しければ難しいほど面白いといった気概だったとしています。

青春のエネルギーというものをあえて禁欲パワーによって押し込め、そのエネルギーで闇雲《やみくも》に勉強をしていく。学ぶことが自分のエネルギーのすべてを賭けた修行であり、しかも最大の快楽だったと確信をもって言える。福沢が生きたのは、そういう時代だったのです。

ただし、いいことばかりではありません。たとえば「書生議論」という言葉がありま す。書生のような青臭さはもう捨てろ、という批判的な意味で使われます。天下国家を論じてばかりで自分の目の前を見ていない、空理空論に陥りがちな議論を指します。

たしかに、書生議論には実体に即さない部分が多々あるでしょう。たとえば理想を胸に会社経営をして、すぐに潰してしまうような脆さがある。議論のための議論のようなリアリティのなさ、現実社会における実効性のなさといったものも、若干ネガティブな要素として否めません。

しかし、その青臭さこそ若者らしいともいえます。実際に仕事を始めた後、書生として過ごした時間というエネルギーがポジティブに変換され、質量ともに成果を挙げた例のほうが多いのです。

青臭い勉学の時代、倫理観を磨き正義感に燃え、真善美を追求するといった時期は、その後の人生の貴重な糧《かて》となるはずです。それを一度もくぐり抜けず、早くに青臭さを捨て去ってしまった人は、どこか醒《さ》めた感じがします。そういう人は、その後にどのような職種に就いたとしても、大きな仕事をしにくいのではないでしょうか。

「書生再興」のすすめ

高齢の経営者には、読書家が少なくありません。経営者は本を読まなければダメ、と言う人もいます。しかし、世代が若くなるにしたがって、そういう人が減っているような気がします。

私はよく、大企業のトップの方が集まる朝食会などに講師として招かれることがあります。出席されるのは高齢の方が多いのですが、だいたい朝八時前から始まります。つまり、トップの方は始業時間前に勉強しているわけです。

では、こういう方々はどういう本を読んでいるのか。いろいろ話を伺うと、ヨーロッパの哲学、思想、文学といった教養的なものが好まれているようです。ゲーテやニーチェ、カント、ドストエフスキーに象徴されるような人生を深く考えるもの、人生論と正面から向き合うような類です。「こういう読書を、生きる柱にしてきた」と言われる方もいました。

明治初期の書生たちを鼓舞した本としては、『学問のすゝめ』（岩波文庫他）や『自助論』（竹内均訳／三笠書房）があります。後者はイギリスの医師スマイルズが書いたものを、留学経験もある教育家の中村正直《まさなお》が『西国立志編』（講談社学術文庫他）として翻訳してベストセラーになりました。

これは産業革命後に書かれた自己啓発本です。人は勤勉と努力と工夫によってどのように成功するのか、膨大な事例をもとにひたすら説いている本です。もちろん、紹介されているのはイギリスを中心とするヨーロッパの話ばかり。

にもかかわらず、明治初期の日本でよく読まれたというのは、ちょっと不思議な気もします。ついこの間まで攘夷《じょうい》運動をしていた人たちが、欧米の成功譚《たん》をこぞって読んで感動したとはどういうことでしょうか。

それはやはり、まず勤勉こそ成功の条件というマインドに共感できたからです。それに加えて、自分だけではなく社会をよくしたいというパブリックな意識に燃えた人々が多かったため、受け入れる素地があったのでしょう。これは、書生たちが努力して向上すること自体に生きる喜びを感じていたのと同じことです。

しかし現在は、そういう生き方が非常に稀になっています。だからこそ、書生というものを生き方のモデルとして捉え直してみることに意味がある気がします。まずは門を叩くところから始めてみてほしいと思います。

実際に先生のところに行かなくても、自らある人を先生として学んでいくことは可能です。読書を通して、あるいは講義や講演を聞いたりして「私淑《ししゅく》する」という形で十分です。そういう心の構えが重要なのです。自分は修行中の書生である、あるいは学ぶこと自体が自分の使命であるといった書生的なアイデンティティを持つことで、生き方の軸が定まる気がします。

若い人は無駄なエネルギーを膨大に持っています。学ぶことに費やさないとロクなことをしない、という面も否定できません。日本の若い人には、働きはじめるまでの期間が比較的長くあります。だからこそ、その期間の有形無形の蓄えというものが非常に大事だと思います。社会に出る前に特定のものに縛られずに学ぶという、膨大な時間やエネルギーを吸収していく回路が、いわば書生というもののアイデンティティなのです。

「深交力」は人生の醍醐味

ここまで述べてきたように、書生が受けた教育は、大学の授業とはまったく違います。大学の場合は、学びたい事柄だけをプログラム化して学べるシステムになっています。そのためのカリキュラムが組まれ、たとえば水曜の三時間目に教室に行けば学生が待っています。そこで一時間半の授業をして、それが終われば先生も学生も次の授業に行く。一人の先生に師事して、寝食をともにするというものではありません。

もちろん、卒業論文を通して個別指導的なことをする場合もありますが、基本的には大学は全体のシステムで動いています。生活をともにするような、あるいは弟子をとるような意識で学生と接することはまずありません。それに、先生の人格が授業を通じて学生に影響を及ぼすこともありますが、授業の枠内をできるだけ越えないことが大学のルールにもなっています。

では、大学で「深交力」を高めるような教育は不可能かといえば、そんなことはありません。ゼミなどでよく集まり、飲んだり、合宿に行ったり、何かイベントを立ち上げたりしていると、多少は書生仲間のような雰囲気が出てきます。私のゼミでも、中学校に行って授業や演劇をするといったイベントを行っていますが、皆で目的を持って長い時間を過ごすと、一緒に生活しているかのような感覚になります。

そこで深く交わることのできない学生は離脱してしまいますが、できる学生は大学時代が非常に有意義になります。卒業式では互いに泣き合ったりしているし、卒業後も読書会を続けたりしています。

こういう書生仲間的な雰囲気こそ、学ぶということの基本型だと思います。これは若いころならではの時間の過ごし方です。就職して忙しくなってしまうと、いつも誰かと一緒にいるということはできなくなります。しかも結婚し、子どもができ、家庭ができてしまうと、学生時代のように学んだり遊んだりする時間はなかなかとれません。

逆にいえば、物事がわかってくる十歳代後半から、多くの人が結婚する三十歳代前半までを書生的な時間として過ごすことができれば、それはたいへん幸福なことです。

それは夢を語り合える時間であり、互いにリスペクトし、学び、向上している時間でもある。よき先生と仲間に恵まれて過ごすことは、まさに人生の醍醐《だいごみ》味です。

第四章　教養を身につけるということ

旧制高校に心酔して

私が物心ついた一九七〇年代、周辺はすでにアメリカ的な若者文化が主流になっていました。しかし、私はその風潮にどうしても馴染めませんでした。高校時代から大学に入学するころまで、快楽的なアメリカ文化とはまったく逆に、もっと人生を深く見つめたい、自分のアイデンティティの置き場所を探りたいという欲求に突き動かされていたのです。

しかし、こういう欲求が同世代の仲間と共有されることはほとんどなく、自分が「浮いている」感覚がありました。むしろ「浮いている」というより「沈んでいる」に近かったかもしれません。その結果、私は、一九五〇年まで国立大学の予科として存在した旧制高校の学生に自分を重ね合わせていくことになります。時代とあえてズレることで、自分のアイデンティティをつくりたいと志向したのです。

これは、さほど珍しいことではありません。たとえば坂本竜馬に心酔している人は珍しくないでしょう。人によってはそれが戦国武将かもしれないし、小説や映画やマンガの主人公かもしれない。私の場合は、旧制高校生がその一つのモデルになったということとです。

そこでまず、旧制高校生が読んでいた本を読み漁《あさ》りました。西田幾多郎の『善の研究』（岩波文庫）や倉田百三の『青春をいかに生きるか』、阿部次郎の『三太郎の日記』（いずれも角川文庫）などがその代表例です。いずれも大正時代の大ベストセラーばかりですが、一九七〇年代に読んでもけっして古くさくないことに、ある種の感銘を受けた覚えがあります。

旧制高校では、文系理系を問わず、「哲学」が根本的な基礎教養として共有されていました。一とおりの哲学を身につけた後で、初めて法律や経済や理科系などの専門に進むことになっていたのです。

また、第一外国語は英語だけではなく、フランス語やドイツ語、あるいはロシア語を選択する学生も相当数いました。おかげで、英語はまったくできないがフランス語は得意、という学生も少なくありませんでした。

これが、日本の文化にとって非常に大きな影響を与えたと思われます。フランスやドイツなどヨーロッパの国が持つ思想の深さ、文化の豊かさに触れることのできる人が、当時の日本には数多くいたということです。

哲学的思考を試みるなど垂直願望の生活を送った

私の旧制高校へのあこがれは、「自分をもっと掘り下げたい」という思いとシンクロしていました。それをできた者だけが、もっとも高いところまで行けるとさえ思っていました。

自分を深く掘り下げるとは、たとえば哲学的なものの考え方をするということです。物事の本質を見極めるために、根本的なところから疑問を発して常識的な見方を疑い、厳密に考えていく。どうやって生活を切り盛りするかとか、今度は何を買おうかといったことがふだんの思考の中心だとすれば、哲学的な考え方とは、ふだんは考えなくてもいいことをあえて考えるということです。

人間とはどういう存在か、人類はこれからどうなるのかなど、時空を超えた本質的な問題に向かっていくこと、あるいは自分に何ができるのかを深く探求してみること。そのために数々の哲学書や人生論を読み耽《ふけ》り、自分の考えをノートに書き連ねました。これらが私にとって、「掘り下げる」という方向性を持った垂直願望だったわけです。新渡戸稲造の著書に『自分をもっと深く掘れ！』（三笠書房）というものがありますが、まさにそれを実践したといえるでしょう。

十歳代末から二十歳過ぎまで、自分を掘り下げなければ井戸は湧かない、というイメージを持っていました。固い岩盤をくぐり抜けて水源に至れば、かならず噴き上げてくるものがある。その掘った深さに応じて、上に行く力も湧いてくる。なんとなくそう確信して、思考生活にハマっていたのです。

ポイントは、最終的には上っていくということです。若いうちに掘り下げておけば、社会に出た後でいい仕事ができるという気になれる。これが向上心というものです。植物に向日性があるように、上に伸びていきたいという止みがたい気持ちがベースになっているわけです。

たとえば夏目漱石の『こころ』（新潮文庫他）の中に、主人公である先生が若いころに下宿の娘さんを巡って、友人のKを出し抜き裏切る有名な場面があります。先生はKの恋の行方をさえぎろうとして、「向上心のない者は馬鹿だ」とKに対して言い放ちます。この言葉はもともとはKが先生に対して言った言葉ですが、それをKに対する刃《やいば》として投げつけたのです。しかも念入りに二度同じ言葉を繰り返します。そのことでKは、先生の奥さんになる下宿の娘さんとの恋愛にとらわれている自分に自己嫌悪を感じます。

向上心のない者は馬鹿だ——そう言われただけで、自己嫌悪の闇に落ちてしまう。今では考えられないでしょう。しかし当時は、それが自己の完全否定につながるような空気だったからです。つまり、向上心を持つこと＝若者という等式が、少なくとも過去には成り立っていたということです。

そして向上心を持つためには、自分を掘り下げ、厳しい勉強をしていくことが必要です。そこには一種の修行的な空気があるわけです。

仏教でも他の宗教でも、目指すところは安らかな自己のあり方です。しかしそこに至るまでには、自分の悩みやとらわれ等を落としていくプロセスが必要です。身を清めたり、座禅のような修行をしたりといった非日常的なトレーニングを重ねることで、心をクリーンにしていくわけです。

私の垂直願望は、こうした日本の伝統的な精神修行のかたちと、ゲーテやニーチェといったヨーロッパ的な教養を合体することで支えられていたのです。

新旧の「世界」の違い

旧制高校に学んだ最後の方々は、現在ではもう八十歳代になっています。しかし私は、そういう方々と話すと非常に落ち着くことができます。これはある意味当然のことで、読んできた本が同じだからです。彼らがゲーテやニーチェを知らないということは、ほぼあり得ないのです。しかも、禅など日本の伝統文化についても経験知がおありなので、共感しやすい。

こういう方々には、共通の学識があります。教養が肯定されていた時代に育った人に特有の、積極的な向学心がある。しかも今の日本人が失った、掘り下げていく欲求も持っている。古典とされている本も読んでいる。同じ志向を持つ者として、私も約四十年の世代を超えて共感できるのです。

現在の日本は、グローバリズムという名の下で世界に組み込まれています。しかしグローバリズムが指す「世界」と、ゲーテのいう「世界文学」の「世界」とでは大きな違いがあります。後者における「世界」を、多くの日本人は忘れてしまった。

ゲーテは当時の後進国であるドイツにあって、「世界文学」を目指そうとしました。当時の文学は、シェイクスピアを擁するイギリスが圧倒的な存在感を示していたので、それを模範としたのです。そして実際、『若きウェルテルの悩み』等でヨーロッパ中から高く評価され、ドイツも世界文学国の仲間入りを果たしました。

ここでいう「世界」とは、ある種の水準を示しています。ギリシャ・ローマ時代から通して見て、人間性というものを余すところなく表現しているような作品であることが第一の条件です。

加えて、時代の新しい息吹と、その時々ならではの人間像が盛り込まれていれば、それが「世界文学」と呼ばれるわけです。こうして世界文学の中に自分自身を位置づけることが、ヨーロッパにおける世界水準を保つ方法だったのです。

『わだつみのこえ』の格調高さはどこから来るのか

かつての日本にとっても、世界の中心はヨーロッパでした。しかし、一九六〇年代以降はアメリカ文化が台頭しはじめます。では、アメリカ文化の水準が高いから取り入れたのかといえば、そうではありません。

むしろ教養の程度など問題にせず、大衆的で身体に直接的に訴えてくるロックミュージックがただ心地よかった、というのが本当のところです。

それに比べ、たとえば読書を通じてさまざまな思想と哲学を培うのは、一見すると地味で退屈な作業のように思われるかもしれません。それを経た上でさまざまな経験も積み、その後で会社を経営するなどして社会と関わっていくとすると、たいへんな回り道をしているようにも見えます。

しかし、そういう回り道を青年期の楽しみとする文化があったのです。自分たちは、世界的に認められているヨーロッパの歴史・伝統に根づいたレベルの高い文化を吸収しているのだという誇りが、旧制高校生を支えていました。

『わがいのち月明に燃ゆ』(林尹夫《ただお》/筑摩叢書)という本があります。京都の三高から京都大学に進み、戦没した学生の手記です。彼は高校時代に和書三百冊と英語の書十五冊を読み、英語を日本語なみに読めるよう体力もつける、と目標を立てています。夏休みには国内外の名作を四十冊近く読み、翌年にはイギリスやフランスの専門書や小説を原語で読んでいます。軍隊に召集されても勉強を続け、今度はドイツ語でゲーテを読んだりしています。彼は戦争に疑問を持ち、「近世ヨーロッパの社会経済史」を書こうとしていました。

たとえば高校二年の冬休みから読む本として、スタンダール『赤と黒』(小林正訳/新潮文庫他)、バルザック『谷間の百合』(石井晴一訳/新潮文庫)、ピエル・ロチ『氷島の漁夫』(吉永清訳/岩波文庫)、マルタン・デュ・ガール『チボー家の人々』(山内義雄訳/白水ブックス)、フローベール『感情教育』(生島遼一訳/岩波文庫他)のそれぞれ原書を挙げています。その一方で、学ぶこととしては、哲学の思想とその把握、数学、イギリスとフランスの近代思想形成史、日本史、西洋史、東洋史を挙げています。

しかも、ただ勉強するぞ、ということではなく、目的を明確に立てている点も特徴的です。たとえば数学は「科学の諸問題を基本的に理解するため」、日本史や西洋史は「日本の現在の具体的な実態認識を目的とする」といった具合です。

あるいは『きけわだつみのこえ』(岩波文庫)も戦没学生の手記として有名でしょう。この本でも、こちらは主に大学生ですが、当時の彼らがいかに向学心に燃えていたかを窺《うかが》い知ることができます。以下に、そのいくつかを紹介します(『新版第二集』より)。

昭和八年五月一日

七時半起床。一日一生を活《い》きんかな。ドイツ語詩篇の暗誦。本日より当分の日課として……英語一〇頁、ドイツ語一〇頁、フランス語一時間、邦語五〇頁(哲学二〇頁、社会科学三〇頁)、これを果たせばあとは自由たるべし。いっさいを神の御《み》計らいに委ねまつって自らのBeruf(使命)と信ずる所に向かっておのが長所を伸ばすべく、自信のある生活をなすべし。

私たちの祖国は日ごとに強大になって行く。それは悦ばしいことであろう。だが、私たちはすでに自分たちが政治家や事業家ではなくて一個の人文学者としての自らの道を選んだのだ。それならば日本が英米をしのぐ大国家になろうとも、デンマークのような小国であろうとも、私たちの文化への使命には変わりがないはずだ。私たちは日本をマケドニヤや蒙古のように了《おわ》らせたくない、ギリシャのようにフランスのようにあらせたいのだ。その欲求を否定するならば言うことはない。だがそれは私がかつて呼んだように文化本能とも言うべきものである。その欲求の生まれる所以《ゆえん》は、人間の最も根本的な欲求——自己保存、自己拡張の欲求の理想化されたものにほかならない。ただうたかたの人の世に誰か永遠の生命を願わないものがあろうか。個人にとっても国家民族にとっても目標は同じであるはずだ。

個人主義とはそもそもなんであろう。個は個そのもので存在しえぬ。個は社会的契機としてのみ存在しうる。社会構成分子としての個こそ正にその存在の第一義である。個存在の究極の前提に社会がある。それは単に発生論としてのみではない。しかも個は深く独自性をもつ。社会の発展は個の創造性に俟《ま》つ。作られたるものがさらに作るものとなりうるのである。このLogik以外に社会、個の独立絶対性をときうるものはない。

しかもこれは決して相対主義と偏し去らるべきものではない。ノモス的個（社会慣習的個体）、ノエシス的個（志向意識的個体）、個を生む社会、発展を個に俟つ社会、このディナミッシュな、行為的な歴史的現実、この行為の行われるの場、それは存在の底に深くひそむ空無というほかはない。この無こそすべての根底に横たわる絶対無である。

いずれも、知へのリスペクトと欲求、深い教養が感じられ、彼らが背伸びをして書いているわけではないことは、文面から容易に窺い知れます。およそ今の学生とは比べものにならないほどの切迫感とあこがれを持って勉強していたことがわかるでしょう。

独特の「恥の文化」が向学心を生む

旧制高校は寮生活が原則で、そこには自治というものがありました。寮の先輩に「お前は『カラマーゾフの兄弟』の中で誰が好きなんだ？」などと聞かれ、教養の深さを試されることもありました。「アリョーシャが好きだ」と言えば、「まだまだわかっていないな」と言われ、もし読んでいなければ、「話にならん。お前は人として生きていく価値がない」とまで言われる。こういう〝伝統〟が、寮の中で代々受け継がれてきたわけです。そういう環境で生活することによって、何があっても読書をしなければ恥だという、日本人独特の「恥の文化」が読書欲を加速させていったのです。

もちろん、これはごく一部のエリートの世界です。今日の一般的な高校生や大学生と比較するのはお門違いかもしれません。

しかし、当時と今とでは、社会の風潮もずいぶん違いました。当時は一部のエリート的な学生のつくった空気が、同世代の旧制高校に行かなかった若者にまで波及していたということです。これによって、教養主義に対するあこがれが涵養《かんよう》されました。

たとえば、大正十四年生まれの私の父は、静岡の商業高校を卒業後、東京の商業専門学校（現在の東京経済大学の前身）に進学しました。実家が商売をしていたためで、もちろんエリートではないし、本来は哲学とも無縁のはずでした。

しかし神保町の古本屋街に通っては、旧制高校の学生が読んでいるという理由で西田幾多郎などの本を読み、その空気を身にしみ込ませたそうです。その影響もあって、私は中・高生になると、そういう本を読んだほうがいい、自分の哲学を持たなくてはいけない、と父から教え込まれた覚えがあります。

つまり、当時は旧制高校生というエリートだけが教養を大事にしていたわけではなかったのです。若い人だけではなく、日本国中において、教養に対しての支援体制といったものがありました。

今なら「教養を大事にするのは一部の者のすることで、鼻につく」という空気もあるかもしれませんが、当時は違いました。誰もができれば教養を身につけたいと望む、レベルの高いものに対する素直なあこがれが世の中全体を支配していたのです。教養主義を世の中全体が後押ししていたといえるでしょう。

修養主義から教養主義へ

日本の教養主義は明治末期に成立し、大正初期から中期にかけ、修養主義から分離してエリート文化として自立するというプロセスがあります。三木清によれば、教養の観念は主として夏目漱石門下の人々、特に漱石の東大時代の師でもあった哲学者ラファエル・フォン・ケーベルの影響を受けた人々によって形成されました。

　三木清は、ちょうど教養主義が台頭してきた大正時代に高校生活を送っています。大正三（一九一四）年には阿部次郎の『三太郎の日記』が刊行され、旧制高校生の愛読書になりました。自己形成に悩む三太郎が、読書をしながらそれを解決していくというものです。その後、大正六年に倉田百三の『出家とその弟子』（新潮文庫他）、西田幾多郎の『自覚に於ける直観と反省』（岩波書店）などが登場し、大正八年には和辻哲郎の『古寺巡礼』（岩波文庫他）が刊行されました。和辻は、漱石門下です。大正時代に、漱石の薫陶を受けた人物が、現代にも通じる教養主義の著作を書き上げたわけです。

　そして大正十年には、倉田百三の『愛と認識との出発』（青龍社他）が出版されました。これは私が高校時代に愛読した本です。タイトルはいささか気恥ずかしいものの、きわめて硬派な本です。とりわけ随所にある「しなければいけない」「すべきである」という指令・使命的な表現に特徴があります。この文体が、常に「どうすべきか」で悩み、ミッションを欲していた年ごろの私に強烈に響いてきたのです。そのため、当時の旧制高校生にとって倫理の教科書的な存在だった『倫理学の根本問題』（テオドル・リップス、島田四郎訳／玉川大学出版部）をわざわざ読んで、自分自身の倫理的な基盤をつくろうとした記憶があります。

そもそも倫理学とは、広い意味では「どう生きるべきか」を考える学問です。しかし、たいていの学問では、そこまで踏み込んだ言及はしないものです。おしなべて現実分析の追究に止まるものでしょう。

その意味では、倫理学は学問として成り立ちにくいところがあります。現在の倫理学は美学に吸収される形になっており、かつての和辻哲郎に相当するような有名な倫理学者が出現しにくい状況にあります。倫理観の欠如が社会全般で言われる現在、アンバランスな事態だと言えます。

哲学を学び、思考の基本スタイルを作る

大正教養主義という時代の象徴的な存在として、大正六年には雑誌「思潮」が創刊されました。主幹の阿部次郎の他、安倍能成《よししげ》、小宮豊隆、和辻哲郎といった漱石門下の人々が同人として名を連ねました。この年には漱石全集も刊行されていますが、漱石の蒔《ま》いた種が大きく花開き、まさに〝思想の大きな潮〟をつくったわけです。

この雑誌の創刊には、「哲学を求める心」が込められていました。これは、一つの物事について、立ち止まって深く考えてみようという姿勢を表しています。誰もが日常の、たとえば経済のことに心を奪われているとき、自分だけは一人踏み止まって思索を続ける。ソクラテスのように、人間をもっと長いスパンで考えてみるということです。

ギリシャ時代と現在とでは、経済活動への関心がまるで違います。当時の哲学者は経済に重きを置かなかったので、時代の価値観から離れ、もう一度人間を見つめ直すことが容易にできたのです。

あるいはルネッサンスというものも、その真意は人間性を取り戻すという文化の復興にありました。こうして古くから始まったヨーロッパの哲学の伝統を、その後の時代に生きる人は繰り返し経験し、深さを重んじた自己形成を行うことができたわけです。

哲学を「学ぶ」ということは、たんに哲学を勉強するだけではなく、自分の思考の基本スタイルを作る作業でもあります。土木でいえば基礎工事に相当するものです。

したがって、哲学を学んでいた学生は、一生ずっと哲学を学び続けようと考えていたわけでは必ずしもありません。大学卒業後に企業人、そして企業経営者になっていった人も少なくありません。しかし哲学という基礎があったからこそ、その後の人生を揺らぐことなく歩めたという人も多いはずです。

たとえば経営者の場合、強靱《きょうじん》な精神が求められます。一般の人には考えられないほど、心身とも疲れる激務です。途中で休むとか、具合が悪いから誰か交代してと投げ出すわけにはいきません。

そのとき、自分自身がぶれない中心というものを持っている、あるいは判断力の基礎を養っているという自信があれば、それを原動力としてさまざまな障害を乗り越えることができます。教養主義をくぐり抜け、そういう実感を共有している経営者の最後の世代が、現在はもう八十歳代になっています。

彼らは、日本経済がもっとも発展した時代に会社を経営してきた人たちです。その意味では、きわめて大きな実績を残したといえるでしょう。その人たちの基礎に哲学があるということを、現役世代は看過してはいけないと思います。

昭和十年ごろから、時代の空気は全体主義・国家主義にまみれていきます。もはや教養どころではない、重い時代に突入していくわけです。それは同時に、旧制高校の自由な空気を身体で知る人がほとんどいなくなることを意味します。

つまり現在の八十歳代を除き、旧制高校を自らの体験として語れる人は存在しません。そういう時代があり、そういう若者の文化があったということは、覚えておいてもいいことだと思います。

大学の「一般教養」に忍び寄る危機

当時の若者は、哲学以外に、一般教養の勉強にも熱心でした。筒井清忠氏の『日本型「教養」の運命』(岩波書店)によれば、高等教育を受ける人は、世界観を構築するため、まず人文的・古典的教養を身につけるものだとされていました。それをベースに各自の研究テーマに取り組むのが常識だったのです。

今の東京大学の一年生も、全員が教養学部からスタートします。これは旧制高校の名残でしょう。たとえば文科一類に入学した学生は、ほぼ全員が法学部に進学します。それなら最初から法学部でもよさそうですが、東大に「法学部一年生」は存在しません。一般に「東大法学部に入学」という言い方がよくされますが、これも間違いです。文一に入学した学生は三年生になってから法学部に進学する。同じく文二からはほぼ経済学部、文三からは文学部や教育学部などへ進むわけです。

ではなぜ、教養学部に二年間在籍するのか。それはたんにキャンパスが駒場と本郷に分かれているだけではなく、そこで必要な教養を身につける、という意味があるのです。しかし、東大を含む多くの大学で、一般教養は軽視される傾向にあります。そのようなものを学ぶ時間があれば、むしろ早い時期から専門科目を勉強させたほうが効率的、というわけです。

たしかに、たとえば経済学部に入った学生なら、哲学や文学や語学などではなく、早く経済を学びたいという欲求があるでしょう。あるいは法学部に入ったら、その時点から司法試験ないし法科大学院に合格するための勉強に忙しくなるかもしれません。

もっと有《あ》り体《てい》に言えば、あまりにも学生が勉強しないので、せめて専門分野くらいは身につけさせてくれ、という企業や社会一般からの要請もあります。さらにいえば、専門分野さえ強ければ就職に役に立つと考える親もいます。要は、教養というものに対するリスペクトが欠落しているということです。

しかし一般教養とは、四年間の大学生活のうちの二年をかけ、人間としての奥深さを培っていくことが本来の目的です。それがなおざりにされ、侵食され、最近は二年生の課程から専門科目が入ってきている大学もあります。

特に最近は、大学院志向の学生が増えています。それだけ学ぶ期間が長くなるわけですから、本来なら一般教養を学ぶ期間も長くなっていいはずですが、残念ながらそうはなっていません。大学を含め、専門科目を学ぶ時間だけが引き延ばされています。

こういう一般教養の軽視は、日本全体の経済活動を長期的に見た場合、本当にいいことでしょうか。私は前述した旧制高校出身者やその時代の空気を吸った人々の成功例を、率直に評価すべきではないかと考えます。彼らが日本を経済的・文化的にリードしてきたことは、動かしようのない事実です。

彼らは、けっして早くから専門分野だけ勉強したのではなく、その前に哲学や一般教養をきっちり学んでいた。それによって、精神的なタフさ、思考することを厭《いと》わないねばり強さ、勉強することを楽しむ向学心を身につけていったのです。そんな旧制高校マインドが、かつて隆盛だった日本経済を支えただけではなく、官僚の文化にも生きていました。日本全体をレベルアップさせたのは、そういう若者時代を過ごした人たちなのです。

彼らに話を聞くと、教養を重んじていない次の世代に対して、足腰の弱さのようなものを感じているそうです。その弱さゆえに、この先の日本はダメになっていくのではないか、と危惧されている方も少なくありません。

教養の欠落を嘆く人すらいなくなった

教養に加え、もう一つ注目すべきは価値観の問題です。今では、誰もが自分の経済的な利益や快適な生活を優先させる傾向があります。これはまさに、アメリカ文化がもたらした価値観です。

しかし旧制高校には、倫理学や倫理的な思考を基本とする大正教養主義というものがありました。つまり、自分の成功や快適さより優先すべきものがある、ということが大前提だったのです。「世界全体が幸福にならないうちは、自分一人の幸福はあり得ない」と強迫観念のように思っていたのは宮沢賢治ですが、それと同じような空気が流れていたわけです。

たとえば、日本の置かれている状況を常に意識し、自分が日本に対して何ができるのかを考える。あるいはもっと広く、人としてどう生きるべきかという指針を持つ。こういう根本的に自分自身を整える要請を、自分自身に課したということです。

こういうことは、アメリカにもないわけではありません。ボランティア精神や文化への寄付の慣習が社会に根づいています。しかし、日本が輸入したアメリカ文化には含まれていなかった。重苦しい心理は輸入しなかったのです。

むしろ、重苦しさから逃れたい一心でアメリカ文化に飛びついた、というほうが正確でしょう。「何々すべきである」と強いる時代から、「自分がやりたいことをやる」と割り切って突っ走れる時代へ。重荷を背負って自分を鍛えるより、自分を解放していく方向へ。何かをリスペクトして追究するより、自分にとって快適なものだけを集める志向へ。七〇年代から八〇年代にかけて、若い世代には、これが魅力的に見えたのです。

こういう若者の変化を見て、前の世代の人々が「教養のない人が増えてしまった」と絶望していたのが三十年ほど前。現在では、嘆く人すらいなくなってしまいました。教養という尺度で日本のこの三十年間を振り返ると、極端に劣化してしまったことは間違いありません。「無教養」、より正確には、「自らの無教養に対する羞恥心のなさと開き直りの態度」は、そのまま「バカ」と言い換えることができるでしょう。

「新しい教養」としてのマルクス主義

ところで、大正後期の、誰もが知的に貪欲《どんよく》であった世界に、マルクス主義が入り込んできました。この流入は非常に鮮烈で、旧制高校内にマルクス主義の研究団体が次々と誕生したほどです。

日本の教養主義者は、西洋の哲学に親しめば親しむほど、当然ながら思索の世界と実生活とのギャップを感じるようになりました。そこにマルクス主義が登場し、イギリスの古典経済学、ドイツの古典哲学、フランスの社会主義を総合したものだと説かれたとき、学生たちは極めてスムースにマルクス主義者になっていったのです。

また、マルクス主義の波が襲ってきたのは、ちょうど教養主義が日本の学歴エリートにとって、固有の身分を象徴する〝鎧《よろい》〟になりかけていた時期でした。マルクス主義のおかげで、教養主義は大衆と乖離《かいり》せずにすんだのです。その意味では、絶妙のタイミングだったといえるでしょう。

学生たちが古典を崇拝していたからこそ、マルクス主義も真摯《しんし》に研究され、世界的水準のマルクス学も成立しました。高校・大学という高等教育での教養主義が後退すれば、マルクス主義も後退していく宿命にありました。前出の『教養主義の没落』には、以下のようにあります。


マルクス主義は教養主義を蔑《さげす》む理論的砦《とりで》ともなったから、教養主義の鬼子だった。しかしマルクス主義が読書人的教養主義的であるかぎり、教養主義空間内部での反目抗争であるから、両者は反目＝共依存関係にあった。だからこそ従来の教養は「旧《ふる》い教養」で、マルクス主義こそ「新しい教養」ともみなされたのである。

これにより、先輩や仲間から「お前はマルクス主義を知らないのか」「資本主義と帝国主義の関係を言ってみろ」「プロレタリアート文学についてどう考えるんだ」と問われることが流行しました。マルクス主義理論についての知識の有無が、教養の深さを示す試金石になるような文化に変わったのです。

そもそもマルクス主義は、ニーチェ主義やフロイト主義といったさまざまな思想のうちの一つに過ぎません。しかし巨大化し、他の文化を圧殺していく勢いを持っていました。その原動力は、一つの倫理的な要請にあります。

つまり貧しい人を見て、「お前は何も感じないのか」「労働者はどうなるんだ」「まずはマルクス主義を勉強すべきではないか」という感覚に突き動かされたわけです。エリートだからこそ考えなければならないという、いわば〝まともな平等主義〟を求める心が、マルクス主義を隆盛にさせていました。

しかしマルクス主義があまりにも台頭した結果、他の、たとえばシェイクスピアやソクラテスなど従来の古典を読むことは、むしろ軽視されるようになりました。フランスの詩人たちの作品を読むことは、直接的には貧しい人たちを救う行為にはつながりません。あるいは哲学を学ぶにしても、社会構造や社会科学、社会の発展プロセスに対する認識が足りなくていいのか、というわけです。こういう理屈から、マルクス主義は当時、圧倒的な説得力ですべてを抑えてしまったのです。

マルクス主義は、「社会は法則的に動いている」と述べています。階級闘争によって社会はこうなる、未来はこうなっていくと、いわば歴史の絶対的な見方を教える教師として登場したのです。

かつては、ギリシャ・ローマに由来する欧米の古典から学ぶ教養や、西田哲学や禅の教養など、一口に教養といってもバリエーション豊かに存在していました。たとえば西田幾多郎は「絶対矛盾的自己同一」といったややこしい概念を打ち出していますが、これには禅の伝統も関わっています。禅には「公案《こうあん》」と呼ばれる、「ここにあるようでない、これは何だ」といった一見論理的に解決できない問いを、直観力のようなもので一気に解いて鍛えるという手法があります。西田哲学は、こういう普通の思考を超えたところにある直観力を重視する、インド以来の瞑想の文化を意識していました。絶対的「無」を論理化することで、「有」を原理とするヨーロッパの哲学を超えようとする西田の学問的野心に多くの若者があこがれを感じ、必死に難解な本を読みました。

あるいは孔子の「論語」なども、もちろん共有される知識でした。こうして東西の人類が培ってきた叡智をすべて含む形で、一般教養は成り立っていたわけです。

そこにマルクス主義が現れ、すべてを抑え込んでしまった。しかも、マルクス主義は他の教養の多くを「プチブル的（小市民的）」として、批判の対象に位置づけていました。他の教養は社会全体を見ていない、歴史的な視点がない、労働者や貧しい者に対する思いやりがない、そして古くさい。つまり富裕層が読書生活を楽しむための文化にすぎない、というわけです。

『教養主義の没落』には、以下の記述があります。

大正時代の終わりには、もっとも頭のよい学生は「社会科学」つまりマルクス主義を、二番目の連中が「哲学宗教」を研究し、三番目のものが「文学」に走り、最下位に属するものが「反動学生」といわれた。昭和初期には、ジャーナリズム市場はマルクス主義者によって独占されているとか、左翼化すればするほど雑誌が売れるといわれるようになる。新聞の見出しにも「左傾」「赤化」「赤い手」「極左分子」「赤い分子」「赤色」「赤い女性」などの活字が踊《ママ》った。マルクス主義本を読んで理解しない学生は「馬鹿」であり、読んで実践しない学生は「意気地なし」となる。

これはいわば、熱帯雨林の下で多様な花が咲き誇り、樹木が根を張り、果物が実をつけている豊潤な果樹園が、プランテーションによって〝赤い〟果実一色に統一されてしまったようなものといえるでしょう。

マルクス主義に予見されていた今日の日本

一九九一年にソ連が崩壊し、社会主義国家、共産主義国家の壮大な世界史的実験が悲惨な虐殺を伴う大失敗であったことは明らかになりました。しかし、私はマルクス主義がすべて誤りで、消え去るべきだとは考えていません。とくに「ワーキングプア」などの存在が大きな社会問題となっている昨今、基本として見直されるべきだとさえ思います。むしろ労働者が搾取されている今日の状況において、その意義は大きいのではないでしょうか。

バブル崩壊後、企業ではリストラが平然と行われ、団結権や団体交渉権という、労働者が過去に培ってきた権利が一気に失われました。労働時間の〝縛り〟をなくす「ホワイトカラーエグゼンプション」の導入はかろうじて見送られましたが、労働環境の悪化は誰の目にも明らかです。

これはひとえに、企業の収益増を優先させるという全体的な志向の結果です。戦争のためにあらゆる自由を奪っていいという戦中の風潮と酷似しています。バブル後の不良債権まみれの危機的状況を脱出するには、理不尽な首切りもやむを得ない。労働者の給料や権利を押さえつけてでも、日本経済は生き延びなければいけない。そういう考え方が主流になる中で、構造的な矛盾を社会が選択してしまったということです。

最近のように企業の業績が多少上向きになっても、この流れは変わっていません。小泉純一郎政権時代から、アメリカにならったような弱肉強食の自由主義経済が推進され、そのまま今日に至っています。

マルクス主義はかつて、労働者搾取の問題を指摘してきました。この二十一世紀の日本であらためて問題になるとは、誰も予想だにしなかったはずです。「一億総中流」で誰もが豊かになり、「もはやマルクス主義など関係ない」と言っていた時代が一度はあったのです。そのときは「労働者の権利を守れ」と主張したところで、「もう十分に豊かじゃないか」と支持を得られなかったのです。

ところが、まさかの後退をしてしまった。こうした事態を目の前にすると、マルクス主義の説いていたことは、むしろ今、予言のように蘇《よみがえ》ってきた感があります。

私が東大に入学した一九八〇年前後、学内には廣松渉《わたる》氏をはじめ、明らかなマルクス主義の教授が数多く在籍していました。「ナショナリズム批判」などを研究テーマにしている先生も非常に多く、大学院にもそのような傾向がありました。あるいはデモ行進などに参加する学生が若干はいました。

しかし、日本社会全体の中では、すでに一九七二年の連合赤軍事件が決定打となって、日本中が大学闘争やマルクス主義に拒否反応を起こすようになっていました。連赤事件がマルクス主義のあだ花になったといえるでしょう。

ただあの事件は、思想内容そのものが原因というより、閉鎖的な支配関係の中であればいつでも起こり得るリンチ事件でした。その証拠に、一九九〇年代のオウム真理教をめぐっても、同じような事件が起きています。自分の信奉する理論を絶対視し、それ以外の理論を徹底排除する傾向が、マルクス主義は強かったということです。

ところがそういった冷静な分析はあまりなされないまま、学生が社会に盾をつくのはよくない、というイメージが定着してしまいました。

あるいは東大紛争の際、大学側は機動隊の出動を要請しました。この瞬間、大学は自ら自治を放棄するという選択をしてしまったのです。機動隊をキャンパスに入れるということは、国家権力にお願いして学生を引き渡すということです。

つまり簡単にいえば、当時の学生が破壊的な行動に走りすぎたため、後の世代の思想に対する積極性がつみ取られてしまったわけです。

「徳育」教育への期待

とはいえ、学生運動が盛んなころも、学生が本を読んでどう生きるべきかを考えるという傾向は続いていました。自分たちが社会をつくっていかなければならない、あるいはそういうパワーを持っている、だから真剣に考えなければならない、と信じていたわけです。おかげでこの当時、まだ倉田百三の作品が角川文庫で何冊も出ていました。

ただ一方で、一般教養を重視する旧制高校の流れは縮小傾向にあり、禅や仏教など日本的なものに関する教養も、さして抵抗もなく縮小していきました。

大正以前は、禅は、教養とあえて言う必要がないほど生活に根づいていました。西田幾多郎のみならず鈴木大拙《だいせつ》のような人物にも影響を受け、学生が座禅をする会に出るのも当たり前のことでした。

つまり、禅の心とはどういうものかということを、多くの人はおよそ身体で理解していたわけです。

大正時代、読書さえすれば多くの知識を得られる、という幅広い意味での教養主義が台頭し、漱石や幸田露伴などの素読世代が持っていた、知識とは身体に沁み込んだ知恵であるというニュアンスが消えていった「教養世代」においてもまだ、禅をはじめとした身体的な修養主義は残っていました。読書によって教養を身につけるのも修養、座禅を組むのも修養というわけです。

ところが昭和に入ると、国家の全体主義化がすすむにつれ、「修養」という言葉自体が利用されるようになりました。戦争に勝つために修養するのだ、といった具合です。

おかげで戦後、「修養」はきわめて悪い言葉として批判の対象になりました。

しかし最近になって、人間教育の重要性が再認識されるようになりました。「道徳」

に代えて「徳育」を導入するという議論が出ました。発端は安倍晋三元首相が進めようとした教育改革ですが、これからも再三人間教育は論じられるはずです。

近年、エリートであっても国家の利益を重視しない人が増えています。あるいは国益とまではいかなくても、他人への優しさや思いやりに欠ける人が多い。こういう社会の不安感が、精神面での教育への期待につながっています。

そこで人間にとっての美質をどのように身につけさせるか、人間教育をどのように施せばいいのか。まだ形にはなっていませんが、各方面で議論はされています。

たとえば中央教育審議会（中教審）会長の山崎正和氏は、そういう教育は学校教育になじまない、と主張されています。学校は法令順守（コンプライアンス）の精神を教えることが大事であって、徳といったものは評価にはなじまない、というわけです。

たしかに「徳育」を教科にすると、国語や数学のように成績を評価することになります。すると当然、徳をどうやって評価するかという問題が残ります。法令順守の意識についてはある程度測ることもできますが、徳の場合は難しい。そこで結局、二〇〇八年春の現段階では見送られたままです。

倫理観を再興するための「読書力」

考えてみれば、多くの国には宗教教育というものがあります。学校のカリキュラムに組み込んだり、日曜学校というかたちで教育したりしています。しかし日本には、ほとんど宗教教育がありません。つまり、人間にとって大切なことは何か、といった倫理観を養う教科が存在しないのです。

たとえば国語の授業で新美南吉の『ごんぎつね』（偕成社他）を読み、「ごんぎつねが死んだときの兵十の気持ちはどうだったか」といった形で若干学ぶことはあります。しかし、そういう文学の読解にしても、もっと論理的な文章の読解力が大事だという意見に押されて立場がなくなってきています。

私は、倫理観について学べる教科は必要だと思っています。日の丸・君が代を強制しても、社会的な倫理観が育つわけではありません。日本人の培ってきた倫理観というものは、キリスト教を骨格とした欧米のようにいかないところに、大きな特徴があるのです。

たとえば聖書は、英語では一般の本と区別するために、"the Book"と表記されることがあります。倫理観の基盤として、唯一無二の特別な本と、聖書が位置づけられてきたわけです。

しかし日本の場合は違います。古今東西の良いものを、読書を手段として吸収し、バランスのとれた判断力や世界に通用する教養を身につけていく。人間として間違いのない線をキープする。それが、日本型の倫理のつくり方だったのです。

その流れの延長線上で、私は「読書力」というものを重視しています。読書という行為を中心として自己形成していく。自分の生き方だけではなく、他者に対する態度も養っていく。こういう教養を通じての自己形成や修養であれば、否定されるべき要素は何もないはずです。

「迂回」を知らない社会の脆《もろ》さ

大学院時代、私はある人文系の学会のためにヨーロッパを訪れて、驚いたことがあります。出会うアメリカ人の学者の多くが、思いがけず哲学に弱かったのです。哲学を専攻している人は別として、フッサールやメルロ＝ポンティの思想について話題を振っても、なかなか話が通じませんでした。

ドストエフスキーの代表作といえども、アメリカでは誰もが読んでいるわけではありません。しかしかつての日本では、ヨーロッパの教養を非常にリスペクトしていたため、それらを身につけた者どうしの会話も成り立っていたのです。

ところが一九六〇〜七〇年代、日本人はアメリカの文化をシャワーのように浴び、音楽などとともに快適な時間だけを過ごす術を覚えました。そういう環境の中で十歳代末から二十歳代を過ごしてしまうと、もうゲーテやニーチェやドストエフスキーを読んで自分のものにしたいと志向することは非常に難しくなります。

なぜなら、これらを読破することはかなりの精神的なエネルギーを必要とするからです。若いころにそういう経験をまったく持たなかった人が、なんとなく入っていけるような世界ではないのです。

読書にかぎらず、高い山の切り立った崖《がけ》を登るような努力やエネルギーを必要とすることは、若いころに経験しておくべきなのです。対象をリスペクトするがゆえに、難解であることを承知で立ち向かい、多くのことを根気よく調べ、深く考えながら、あるいは議論しながら少しずつ理解していく。こういう経験が、その後の糧になるのです。

ところが、若者時代にアメリカ文化的な快楽を得る回路に身を任せてしまうと、その後の人生において迂回《うかい》回路のおもしろさに目覚めることは難しくなります。たとえば、一見難解でも人生に深い影響を与える本に出会うとか、努力によって目標に到達したときの充実感を味わうといったチャンスが減るわけです。これこそ、「バカ化」が進行するということです。

あるいはプレッシャーがかかってきたとき、トラブルに直面したとき、パニックになりそうなときに、対処する力も生まれてこないでしょう。自分の思考方法や原理・原則というものに戻り、腹を固めて決断し、毅然たる態度で現実を切り開いていく。その行動力や強さの基盤を得る機会まで失われてしまうのです。

そういう若者が世の中に溢れたら、それはもはや個々人の資質の問題ではありません。日本の将来の浮沈を左右しかねない大きな課題だと思います。

「むずかしくてわからない→自分には関係ない」という回路ではなく、「わからなさ→自分に必要」という回路こそ、若者が持つべきものです。

現代恋愛事情が生み出した虚無感

一九八〇年代以降の日本は、どんどん軽い方向に流れていきました。この当時、ホイチョイ・プロダクションの『見栄講座』（小学館）や田中康夫氏の『なんとなく、クリスタル』(新潮文庫)がベストセラーとなったことが、その証左です。大学生をはじめとする若者は、夏は海、冬はスキーを楽しみ、消費社会の中でブランド品にあこがれ、見かけや飾りつけを重要視し、そして恋愛に多大な価値を見出していました。

異性への思いについては、ダンテにとってのベアトリーチェのように、自己の内なる女性を追いかけていく、という時代がありました。

現実の女性とつきあって云々《うんぬん》ではなく、内なる女性を理想化し、妄想や幻想をかきたてながら勉強に邁進《まいしん》する。そういうねじれた鬱陶《うっとう》しさが、かつての若者の一般的な心情でした。今日のように、恋愛をするのが若者の特権であり、それこそが若者らしさなのだという考えは、とりあえず旧制高校にはありません。それより男同士の友情のほうが大事でした。ここでいう「友情」とは、ともに高みを目指して歩むこと、つまり一緒に勉強することを指します。このちょっとねじれた男の世界を描いた小説として、森見登美彦氏の『太陽の塔』(新潮文庫)があります。これは比較的最近の作品ですが、登場するのは古くさい学生です。主人公の「私」は、かつて自分を振った女性を「研究」することに明け暮れるのです。

それに比べると、八〇年代以降の空気はガラリと変わりました。たとえばクリスマスともなれば、「クリスマスファシズム」と言ってもいいほどの強迫観念が蔓延《まんえん》する。クリスマスを一人または同性と過ごすのは悲惨、だから全情熱を傾けて彼女をつくり、当日は豪華なデートを演出しなければならない、といった具合です。

時代の空気に必死に抵抗し続けてきた私でさえ、こういう空気とは無縁ではいられませんでした。正直に告白すれば、豪華なクリスマスデートのために貴重な本を売ってまでお金をつくったこともあります。バカバカしいからやめろ、と現在の私なら声を大にして言うところですが、当時は冷静な判断力を失っていました。それほど、圧倒的な圧力が漂っていたわけです。

ところが、今の空気はやや違います。当時は女性とつきあうだけで莫大な出費を必要としましたが、最近は女性自身による激しいダンピングが行われている気がします。今はそれによって恋愛に対する幻想が消え、高揚感ではなく虚無感だけが残っているのかもしれません。

ついでにいえば、最近は〝性の分配の不平等〟がいよいよ著しくなり、性的にあきらめてしまった男性が相当数にのぼっています。勉強にエネルギーが出せないだけではなく、ナンパするエネルギーも持てないわけです。

しかも、そういう状況でもインターネット情報等を通じて快適に過ごすことはできるので、無駄なエネルギーを出さずに満足している。いわば不平等の現実に対する失望感や絶望感を胸に、「あきらめる」という第二の選択が当たり前になりつつあるわけです。これも、恋愛に関しても意欲の格差が進んでいる状況は、個人の自由とはいえ、日本社会の大きな流れを感じさせます。

お金の使い方にも本来は教養が必要

では今後、日本はどうなるのか。

おそらく、お金儲けの才能を持つ人は多く出現すると思います。しかし経済的な成功ではなく、自分が日本を支えるという気概を持つ人、あるいは多くの人を雇用して幸せにしてあげたいという意識を持つ人、なおかつ実際に成功できる人はどれだけ登場するでしょうか。

現在の日本では、経営者としての自分が儲かることを第一に考え、できるだけ人は雇わないとか、あるいは非正規雇用でいつでも首を切れるようにしておきたいといった意識のほうが強いのではないでしょうか。

本来、お金の使い方には教養が必要です。かつてのヨーロッパの貴族は、よく若い芸術家のパトロンになって応援していました。あるいは日本でも、経済がある程度豊かになった後は、文化にお金を回していく傾向が見られました。

こういうことを実践するためには、まずお金を出す者自身が、文化をリスペクトしている必要があります。そういう気持ちこそ、知性・教養というものです。

ところが、最近の雑誌に「ニューリッチの下流ライフ」という特集がありました。せっかくお金を手にしても、生活は下流のまま、という人が増えているとのこと。善し悪しの問題ではなく、お金の使い道がわからないような、教養や知性のない人でも大金を儲けることができる世の中になったということです。

知性・教養をリスペクトする人が社会のリーダーとなり、成功し、収入的にも相応のものを得ていく。これが明治以降、旧制高校時代までに通じる社会の信仰のようなものでした。しかし現在、社会は著しくボーダーレス化しています。教養もリーダーも収入も、混沌としているとしか言いようがありません。

たとえば一時期、インターネットで株を売買するデイトレーダーが巨額の儲けを出した、といった話がよく喧伝《けんでん》されました。そんなに簡単に儲けられるのか、と勘違いする人もいるかもしれませんが、実際には損をする人のほうが圧倒的に多いのです。しかし、そういう人には目もくれず、成功した人だけをもてはやすのが昨今の風潮です。

あるいは就職にしても、「学歴不問」を打ち出す企業が登場しました。またそういう事例は、「画期的」としてよく報じられます。もちろん大学名で仕事ができるはずもありませんが、しかし、社会的に大学教育を軽視し、身につけた教養を無視するような傾向が続くと、いよいよ中高生は勉強しなくなるでしょう。

たしかに「学歴より人間性を重視する」のも大切なことです。「学歴が高くても、仕事ができるとは限らない」という言い方にも一理あります。しかし、社会が、しっかり勉強した人を評価する基本線を維持しなければ、勉強のモチベーションは上がりません。極端な話、それなら勉強なんかしなくていい、大学に行かなくてもいい、ということになってしまいます。

先進国では大学院が学歴として求められ、収入と直結する傾向があります。一方日本では、大学全入時代が進み、大学の水準が落ちている上に、高校中退者がかつてよりもたやすく出てしまう状況にあります。人が「易きに流れる」のは世の常です。だからこそ、社会がそれを認めてはいけないのです。

第五章　「思想の背骨」再構築に向けて

責任は中高年世代にある

前章でも指摘したとおり、ワーキングプア、ネットカフェ難民といった問題が生じている今こそ、あらためて社会を構造的に見る視点が必要です。

多くの若者が、経済的な貧しさや知識の貧しさ、心の弱さに苦しんでいます。このうち経済的な貧しさとは、正規社員への道を閉ざされたままの生活を強いられるという社会構造の問題です。

ここ数年、日本はそういうアメリカ型の社会構造を選択してきました。その道を推進する小泉純一郎氏や竹中平蔵氏の方向性を、国民が選挙で選んできた結果です。いわばすべての大人が加担して、今日の状況を生んだわけです。

では、この状況をどう思うのか、このままでいいのか。早急に見直すべき時期が来ているのではないでしょうか。

社会構造によって虐げられている若者たちは、本来なら連帯して反対運動や抗議行動を起こしても不思議ではないと思います。徐々にそうしたネットワーキングができつつありますが、政府が本気になるべき問題です。

社会構造に対する問題意識が高くない要因としては、先述したように連合赤軍事件や大学闘争の終焉とともに、若者どうしが政治的な意識を持たないよう、秩序を維持しようとする人々によって完全に断ち切られてしまったことが考えられます。その流れのまま、今の若者も闘う武器というべき政治意識を持たないし、連帯する習慣も捨て去ってしまったわけです。

むしろ、そういう若者たちだけに社会構造の変化を担わせるのは、あまりにも無責任でしょう。こういう世の中をつくってきた世代、実はお金を持っている中高年世代が、役割を自覚して行動を起こすべきです。中高年世代には、そういう社会的な責任があるのです。

バランス的に考えても、人口の少ない若者たちがこれほど貧しいとなると、彼らの世代だけではなく国家としても明るい未来は描けません。法律を改正するなどの手段を講じ、正規雇用を増やしていくといった格差是正の方向へ、もう一度ゆり戻す必要があります。

薄い人間関係を志向する若者たち

私が心配するのは、経済的な問題だけではありません。今の若者の心に、「あこがれ」という、人間を生きさせる原動力がどれだけあるのか。毎日彼らとつき合っていると、それが不安でなりません。

彼らは、概して人間的にはさして問題ない。しかし、あまりにも本を読まないため、教養がない。したがって読書で知識・教養を得るおもしろさを知りません。高いレベルのものにあこがれ続けることによって、自分の心をイキイキとさせるという習慣も身につけていません。結局そのまま、大学を卒業してしまうのです。私はそういう学生を、数多く目のあたりにしてきました。

彼らの中には、就職後に本を読んで自分自身を啓蒙する、という人もいないわけではありません。しかし多くは生活に追われ、仕事のみに汲々《きゅうきゅう》とする日々を送っています。そこでどうやって心を癒すかといえば、テレビやインターネット、あるいはミクシィなどを通じたコミュニケーションということになります。いわば高校の同窓会のような雰囲気を続けているわけです。

ネット上では、お互いに追い込み合わないような、ゆるやかな会話が繰り広げられています。それはそれで癒しの空間でしょうが、自分を支える大きな柱というものが感じられません。そこにあるのは、薄い人間関係の中で「みんな同じだよね」と安心し合う空気だけです。

そのこと自体が悪いわけではありません。しかし、もっと強く生きていくという意志も持ってもらいたい。そのために、たとえば古典と呼ばれるような書物の中から「座右の書」を持つのも一つの方法です。ゲーテやニーチェ、あるいは吉田松陰や福沢諭吉などを読むことで、今の自分を鍛えることができるのです。

それはたんに、自分にとってのメリットを追求することではありません。本来なら他人のため、社会のため、世の中のために何か役立てないかという思いで生きることのできる若者が、自分自身の生活に汲々として若さを失ってしまうことは、社会全体の活力という点から見ても非常にもったいないことなのです。

一般に、若い人が世のため人のために行動し、中高年は自分の家庭を優先し、老後にまた文化に還元するという構図はよくあります。若いうちは理想に燃えるものの、やがて家族という守るべきもののために利己的に考えるようになり、子どもの独立後にふたたび社会貢献に目覚める、というわけです。

しかし、現在は、若者が「世のため人のため」という意識を持ちにくく、世のため人のために動くのは高齢者のみということにもなりかねない。これでは、とても豊かな社会とはいえないでしょう。

「パノプティズム」に陥った日本

最近は、家族を持つこと自体に展望を持てない若者が増えています。しかし最大の問題は、個々人がバラバラで、家族のみならず集団としての連帯感を持てなくなっていることです。

マルクスがかつて批判したのは、被支配者を分断する支配者でした。支配者にとっては、そのほうが都合がいいからです。それは哲学者ミシェル・フーコーが『監獄の誕生——監視と処罰』(田村俶訳/新潮社)の中で「パノプティズム」として批判したものにも通じます。

ベンサムという功利主義者が、「パノプティコン」という刑務所の建築様式を考案しました。簡単にいえば、囚人を汚い一室にまとめて収容するのではなく、きれいなドーナツ状の建物一部屋に一人ずつ入れる仕組みです。

各部屋を明るくガラス張りにする一方、中央に配置した監視塔を暗くしておくと、監視塔からは囚人一人一人が丸見えになりますが、囚人から監視塔の中は見えません。こうして常に監視されているという意識を囚人に植えつけることで、自分自身を自分で監視させようというわけです。フーコーは、この非常に巧妙な管理方式を転用して「パノプティズム」として概念化し、現代が監視社会化していることを示しました。

この特徴の一つは、囚人どうしがバラバラにされているため、会話ができないということです。彼らを一つにまとめると、囚人内部で社会をつくり、食事が悪いだの脱獄しようだのといった相談を始めるおそれがある。そこでバラバラにして一人一人を監視するシステムにすれば、個々人は非常に弱くなり、操作されやすくなるわけです。

今の若者たちは、一見するとネット上で親しげに会話をしていますが、よくよく個人を見ると、その親しさには深さがありません。たとえば朝までドストエフスキーについて語り明かす、といった熱さのある関係性ではないのです。その結果、彼らの間には漠然とした孤立感が広まっている気がしてなりません。

日本がアメリカ化されはじめた一九六〇~七〇年代、ロックやポップスで盛り上がっていた若者たちは、「自分たちは時代に大きな力を持つ一世代である」「自分たちが世の中を変えていくのだ」という一体感を持っていた。大きなアメリカ文化の波が、若者が社会においてもっともパワフルである時代をつくりました。その時流に乗り、ちょうど流れるプールに身を任せるように楽しんだ若者が、当時はいたはずなのです。

しかし今、そういう感触を持っている若者は少ないでしょう。日本の文化としては、アニメーションやフィギュアなどが秋葉原を中心として盛り上がっています。しかし、その文化の担い手である若者たちは、自分が世の中の中心だとは思っていないし、言われても嬉しくない。むしろ自分たちはマイナーでいたい、放っておいてくれ、という感じでしょう。

そういう状況を見るにつけ、やはり一生を培っていけるような精神の基礎工事が必要であると思わざるを得ません。自分の心を一人で支えていくのは、とても大変なことです。だからどうしても友人どうしで慰め合ったり、カウンセラーにかかったりしたくなる。心のケアを受けないと、このプレッシャーの大きい社会を生き抜くのは難しい。

「コーチング」が流行する裏側

アメリカはよく「自己責任の国」と形容されます。勝った者が多くを取り、負けた者には何も残らないという社会です。『ワーキング・プア――アメリカの下層社会』（ディヴィッド・K・シプラー、森岡孝二訳／岩波書店）でも、膨大な貧困層をめぐる残酷な状況が描かれています。また低所得者層向けの住宅ローンである「サブプライムローン」の焦げつきに端を発する信用不安は、世界中に連鎖的な悪影響を及ぼしています。

こういう状況下にあってなお、日本はアメリカを模範にしたままでいいのでしょうか。

「自己責任だから弱肉強食はしかたない」という論理を押し通してくる社会とは、じつは構造的な矛盾を個人に押しつけてくる社会であるともいえます。そのためアメリカでは、多くの人が精神分析をはじめとするカウンセリングを受けています。そういうものがなければ、日々の生活を維持するのも難しいということです。

この先、日本でも同じ傾向が強まっていくとすると、カウンセラーやコーチのような存在が職業的に増えていくでしょう。精神のあり方やライフスタイルを主導してくれる人、あるいは話を聞いてくれる人が、一人あたり二、三十人の〝クライアント〟を抱えて生計を立てるというようになるかもしれません。

では、「コーチ」とはどういう存在でしょうか。スポーツの世界なら理解しやすいと思います。テニスのコーチは、お金をもらってテニスを教えているわけです。しかし、精神面でのコーチとなると、スポーツの場合とは根本的に違ってきます。お金を払うことは同じですが、自己のもっとも大事な内面や生活の根幹に関わる部分を相談することになるからです。

いわゆる「コーチング」とは、基本的には対話をしながら、その人の中にある本当にやりたいことを引き出すことを指します。話をていねいに聞き、問題を整理することで、モチベーションを高め、ポジティブな意志決定をしていく手伝いをするのがコーチです。自分で自己決定しないわけではないし、自分を完全に預けて指示に従うわけでもありません。カルト教団のトップが信者の行動を強制するのとはまったく違います。とはいうものの、こういうことがビジネスとして広く成り立つということは、やはり奇異な感じがします。それだけ社会が病んでいるということかもしれません。

日々の選択の基になる精神のあり方というものは、かつては親や先輩の助言によって、あるいは友人どうしのおしゃべりの中から方向が見えてきたものです。ところが今の親は、相談に乗りたい気持ちはあるにせよ、あまり自分からは助言しません。時代の変化が急なため、有用なアドバイスができないことを自覚しているからです。だからコーチのような存在に頼らざるを得ないわけです。

これは〝ビジネス〟ですから、お金の支払いが必要になります。つまり、苦しい人、収入の少ない若者から、さらにお金を吸い上げるシステムが稼働しているわけです。以前、日雇い派遣で働く若い人たちが、業者によって足元を見られ、常態的にピンハネされている事実が発覚しました。構造は多少違いますが、自分のもっとも大切な問題について、お金を払って他人に相談しなければやっていけないという事態は、経済的にもつらい。いずれも、精神的な弱さ、立場的な弱さが露呈しているわけです。

早期退職する若者たちの悪循環

会社を早期に辞めてしまう若者も、相変わらず後を絶ちません。文部科学省のデータによると、ここ数年、入社三年以内に会社を辞める若者は、中卒者の約七〇パーセント、高卒者の約五〇パーセント、大卒者の約三五パーセントに達しています。いわゆる「七五三現象」が継続しているわけです。自分の可能性を見極める転機にしたい、という前向きな気持ちの人もいるでしょう。ただ問題は、ある種の〝歯止め〟がなくなりつつあるということです。

自分で考え抜き、決定した選択に自信を持って突き進むのなら結構。自分でとことんがんばることができると思います。また一方で、家族や親の世話などを考え、失敗するわけにはいかないとの理由で踏みとどまるのも一つの選択です。いずれにせよ、メンタルの強さが要求されます。

しかし、もともと扶養すべき家族を持っていなければ、深く考える必然性も薄いでしょう。「自分の選択に責任を持つ。人のせいにはしない」という意識が本人に希薄だと、なんとなく押し流されるように入社し、いつ辞めてもいいんだ、という気になる。おかげで選択はずっと容易かつ安易になります。だから簡単な理由で会社を辞めてしまうわけです。

しかも、転職を重ねるごとに条件が悪くなるケースのほうが、割合としては多いのが実情です。もちろん良くなる人もいますが、個人の積極的な意欲が弱く、どうしても就職しなければならないという切迫感も乏しいだけに、つけ込まれて安く使われる人が多いのです。その挙げ句が、ネットカフェ難民と呼ばれる人たちの大量発生につながっていることは明らかです。

読書とは自分の中で行う他者との静かな対話

かつて会社の中には、家族的な経営をしているところが少なくありませんでした。そういう会社は、社員を〝家族〟と位置づけている以上、たとえ能力が低くても切り捨てたりはしません。能力にかかわらず、とにかく一緒に力を合わせてがんばろうというのが基本的なスタンスでした。いわゆる年功序列や終身雇用も、この考え方の延長線上だったと思います。

ところが最近は、それらを廃して成果主義を導入する会社が増えました。それによって、会社と社員、あるいは社員どうしの信頼感も失われてきました。不安定な若者を支えてくれる他者としての大人という存在が、非常に少なくなったのです。

若者の側も、先輩と飲みに行ったり語り合ったりなんかしたくない、仕事が終わればできるだけ自分のプライベートに戻りたい、という気持ちを隠さなくなりました。たしかに年齢の高い人とのコミュニケーションは非常に疲れるものです。感覚も違うし、相手によっては威張る人もいるし、聞きたくもない説教が多くなりがちです。

しかし、かつては説教も含めたコミュニケーションは当たり前でした。若者は、先輩・後輩をはじめとするさまざまな鬱陶しさの中で、多くのことを学んでいったのです。その意味で、先輩をはじめとする大人の経験知にも、ある程度のリスペクトはしていたわけです。我慢して聞いて学んだことを、仕事上の原動力にする。就業時間以外にも、こうして勉強していたわけです。

こういう回路が少なくなってきたことは、人間関係の希薄化と同時に、若い人の成長の鈍化も意味します。上の人間の持つ経験知がコミュニケーションによって伝えられないと、必然的に未熟なままで留まりやすくなるはずです。

あるいは正規社員であれば、持続性を前提に責任を負うことになります。昨日もいて今日もいて、一年後もいる。自分も周囲もそう思うことによって、社内外での立場というものが出来てきます。

そういう状態を自分に課すということは、精神的には負担になります。しかしそれを引き受けることによって、同時に精神の安定も得ることができる。そこに所属している、という安心感があり、アイデンティティを保証されるわけです。

逆にいつ辞めてもいいと思っていると、責任感は育たないし、アイデンティティも希薄になります。人間関係を育てることもできません。さらに、こうしてどこにも所属しないモラトリアムが長くなりすぎると、組織や集団に所属すること自体がわずらわしくなり、結果的に不安感が出てきます。

その不安感に対し、自分で処置するだけの思想的な基盤を持っていなければ、心理的負担はかなり大きくなる。そういうキツさを感じる中で、つい一気に解消したいと思ったとき、人は甘い誘惑や非科学的な発想にとらわれやすくなります。「自分は神である」といった幼稚な自己中心的妄想やいかがわしい宗教などにのめり込んでしまうのは、その典型です。宇宙の体系から今すべきことまで、すべてを簡単な理論で説明してくれるため、そこに〝真理〟があるように錯覚してしまうのです。

たとえば「宇宙はこうなっているのだ」と説明されると、自分のいる会社なども「宇宙の原理」から相対化して見ることができます。そうすると、仕事に汲々としている他の人をバカにすることができる。「こんなことも知らないで生きている人はかわいそう」と快感すら覚える。だから現状においても、カルト的な宗教にはまり込む若者が後を絶たないわけです。「自分は何も持っていない」という不安な状態を自覚したとたん、すべてを説明する宗教の原理に走ってしまう。極端から極端へ振れてしまうわけで、これはまったく建設的ではありません。

そこで中庸の道として、数千年におよぶ人類の歴史で培われてきた数多くの叡智から学ぶ、という方法があるわけです。自分の狭い世界に入り込むか、あるいは人に選択を預けてしまうか、という二方向のどちらかに大きく揺れてしまうのではなく、主に読書を通じて精神の強さを養っていくということです。

読書とは、自分の中で行う、偉大なる他者との静かな〝対話〟です。これによって、判断力や粘り強さといったものを身につけることができます。「情報」ではなく「人格」として書物を読む習慣を身につける。平凡なようですが長い目で見たとき、これが現状に対するもっとも根本的な解決法であると思います。

「無知ゆえの不利益」に気づけ

もちろん、マルクスも指摘したとおり、こういう文化的なことは経済的な基盤がなければできません。下部構造としての経済活動があって初めて文化が生まれるということは、世界史を見ても明らかです。

たとえば、ある程度豊かな宮廷文化というものがなければ、そこに『源氏物語』も生まれ得なかったでしょう。一人残らず明日の食べ物に困っていたら、さしもの紫式部も物語を書く余裕はなかったはずです。

ただこの部分に関しては、政治さえしっかりしていれば改革はできる。法律を変え、最低賃金の引き上げなど多くの政策を進めていけば、現状の格差社会を食い止めることは可能なのです。

ところが、こういう意識はまだ一般的ではありません。二〇〇五年の衆議院選挙では、郵政民営化の是非が焦点になりました。郵政は日本のシステムの中でもっとも問題なく動いていた機関であり、しかもまったく税金は使われていません。にもかかわらず、政府の誘導に多くの有権者は惑わされ、賛成票を投じてしまいました。

とりわけ不思議なのが、若い人の多くが、本来は現状維持を目指す自民党を支持したということです。なぜ彼らは、もっと積極的に反旗を翻さないのか。それはやはり、それだけの知識もないということかもしれません。

若い人ほど知識がないのは仕方がないとしても、だからこそ知識欲をかき立て、知らなければいけない。自分たちの未来をつくるために、もっと積極的に関わってもいいはずです。

ところが、彼らにそうハッパをかけても「それどころではない」「そういうことができる状態ではない」と突っぱねられるのみ。そういう社会をつくり、若者を育ててしまった責任は、大人の世代が負わなければなりません。大人も構造的な問題に立ち向かう必要があります。

しかし、現実には、社会保険庁の年金記録紛失と浪費、国土交通省のムダ使い、新銀行東京（通称「石原〔慎太郎〕銀行」）等の明白な失態でも、関係者が逮捕されたり、個人資産を当てて責任を取るといったことは聞きません。これでは「示し」がつきません。「無責任社会」がこれほどあらわになると、勤労意欲や向上心にも水が差されます。

実存主義の「投企」に生きる意味がある

若者の心を養うには、広い意味での教養に対するリスペクトが必要です。「いかに生きるべきか」という命題を与えられて盛り上がる若い時期だからこそ、読書の価値はいっそう大きくなるのです。

概して生き方に対するモチベーションは、まず小学校時代に湧き上がります。中学・高校の時代は少し忘れがちになりますが、社会に出る前にあらためて自分に問うことになります。就職が決まった段階で「生涯を託すに足るだけの仕事か」と、選択に自信を持てるまで現実を見ながら考え抜き、判断して受容していく。これは、ある意味で実存主義的な考え方です。

実存主義は、サルトルらがリーダーとなり、一九六〇年代の若者文化の一つの柱になっていました。ここによく登場するのが、「被投的投企」という概念です。「被投的」とは、本人の意思とは関係なく、偶然にこの世界に投げ込まれたという意味です。お金持ちの家に生まれなかったのも、この両親の下で生まれたのも、本人は選択できない「被投的」です。しかし自分たちは、生き方を主体的に選択することができるとも説きました。それが「投企」です。つまり、自己の存在の可能性を未来に向かって投げ企てることです。

自分自身の実存をかけた選択をして、社会に参加して未来の自分を創っていくこと。それが最終的に死を迎える人間にとって、生きるということではないのか。ハイデッガーの『存在と時間』（細谷貞雄訳／ちくま学芸文庫他）に影響を受けたサルトルなどはそう唱え、世界中の若者に共感と自信を与えたわけです。日本でも同様の動きがありました。

知のスター、サルトルの来日（一九六六年）は、一つの社会的事件でした。知識人の来日が社会的ニュースになることはその後絶えてありません。ここにも知的好奇心の低落が見られます。

「ポストモダン」で思想は終焉した

左翼思想の構造には、多少の問題があるかもしれません。しかしマルクス主義によって構造を変えていくという強い思想的な潮流の下に自分を置くことで、自分に自信を持って生きられた世代がありました。その前には、旧制高校マインドのように、一般教養と同時に自信を身につけた世代もいます。

たとえば明治時代の創業家・実業家である渋沢栄一は、「論語」をベースに会社経営を行っていました。渋沢には『論語と算盤』（国書刊行会）という著書まであります。

言うまでもなく、論語が説いているのは経済ではありません。孔子は経済活動には関心を持たず、むしろ聖人による政治のあり方に興味を持っていました。しかし論語の人間学は、基本の部分では、経営者が読んでも通用するということです。大きな思想的なバックボーンを持つことで、現実の経済活動のトラブルを乗り越えることができたのでしょう。

明治時代には、前述したスマイルズの『自助論』や福沢諭吉の『学問のすゝめ』も、向学心にあふれる人々によく読まれました。漱石や鷗外もリーダーでした。哲学も思想も組み込んだそれぞれの時代のリーダーが、若者たちの共有財産としてバックボーンになっていたのです。

比較的最近の一九八〇～九〇年代においても、たとえばフランスの思想家ミシェル・フーコーやロラン・バルトなど、〝思想のスター〟がある時期までは存在していました。しかし、最近は現代思想自体が急速に衰えつつあります。「現代思想」という雑誌もありますが、現代の思想を押し出しているというよりは、何をもって現代思想とするか、模索中であるように見えます。

また、八〇年代に、思想は「ポストモダン」で一時的に盛り上がりましたが、これは最後の遺産を食い潰したともいえます。そこで展開されたのが近代批判だったからです。

近代を父親とすれば、それを批判する息子は、批判している限り父親を超えられません。きわめて単純化していえば、人間性を圧迫する近代はけしからん、管理社会はすべて認めない、などと批判ばかり展開した結果、では次はどうするのかとなったとき、手も足も出なくなってしまったのです。

現実に、日本の経済や生産性が危うくなったバブル崩壊直後には、むしろ近代をつくってきた時代に逆戻りしたほうがいいのではないか、という要請もあったほどです。今日でも、トヨタのように近代的な合理的生産方式を突き詰めた企業は活況を呈していま す。一方で、近代がつくってきた価値をすべて相対化する考え方は、根なし草的な「自分探し」を助長し、踏んばりのきかない個人や組織をつくってしまったのではないでしょうか。

結局、私たちが生きている社会の根本である資本主義や近現代の論理を批判しても、その後の一歩はなかなか見つからなかったということです。そういう思想的な背骨にするには、ポストモダンはもう一つ力不足だったといえるでしょう。

しかし、今となってみるとポストモダンの思想が注目され読まれていた時代でさえもなつかしく思えます。まるで「向心上のラストシーン」のようです。ポストモダンは文字どおり近現代の後に何が来るかを論じたものですが、それに類したものを読む人も少なくなっています。過去の若者のように社会全体を見極めようという発想が、今の若者には少ないからです。そこまでの読書力もないし、そういう勉強も身についていません。

思想なき世をいかに生きるか

かつて、社会党が瞬間的に政権を取る（自民党・さきがけとの連立）という奇跡のような時期がありました（一九九四年六月〜九六年一月）。しかし、その奇跡とともに、同党はすさまじい勢いで自己崩壊していきました。一時はかなりの支持もあったはずですが、今の社民党は極小政党でしかありません。

代わりに民主党が台頭し、二大政党の形にはなっていますが、自民党が二つに割れたようなものです。つまり、政治全体が保守全盛の構造になっているわけです。今さらマルクス主義が思想的なバックボーンになることは、まずあり得ないでしょう。

ということは、思想的にこれだ、といえるようなものはもはや存在しないのかもしれません。政治にもない、現代思想にもないとすれば、どうすればいいか。若い人たちは、思想的なバックボーンなしに生きていけるのでしょうか。

歴史を振り返ってみると、江戸時代には若者という概念がほとんどありませんが、幕末の下級志士たちは、自分たちが若者だという意識を若干持っていたと思われます。彼らには、自分たちはまだ若い、だからこれからの社会をつくっていこう、脱藩してでも、あるいはこの藩を潰してでも日本を救おうという勢いがありました。

実際、松下村塾《しょうかそんじゅく》の門下生や、それに呼応して明治維新を興した人々は、ほとんどが二十歳代の若者でした。そういう世代的な意識が、このとき初めて生まれたのです。そして、彼らの思想的なバックボーンになったのが吉田松陰でした。

その後、日本人は西欧文化を旺盛に輸入し、西欧と共通するモダンな自己のあり方をバックボーンにして急成長を遂げました。ところが第二次世界大戦の終焉《しゅうえん》を境に、今度はアメリカ文化が圧倒的に台頭します。

そこで問題なのは、アメリカ発の思想的なリーダーがいたか、ということです。アメリカの食が文化ではないように、アメリカの思想的なリーダーが日本に影響を与えたかというと、はなはだ疑問です。一般的には文学が思想の先端といえますが、スタインベックにしてもフォークナーにしても、日本にはさほど浸透していません。フィッツジェラルドやヘミングウェイにしても、なぜかさほど日本には根づかなかったのです。

最近は村上春樹氏の翻訳などで、アメリカの作家も若干知名度が上がりつつありますが、やはり正面切った思想性というものは、アメリカが得意とするものではなかったのです。

つまりごく大雑把にいえば、一九六〇年代以降、辛うじて現代思想が命脈を保っていたヨーロッパ的な思想が途切れ、古典文化の復興もないままで現在に至る、ということだと思います。

ひと昔前なら、たとえ本人が読書をしていなくても、一つの思想が世の中の波になっていれば、なんとなくわかったような気になれたものです。たとえば実存主義について知ろうとしたとき、サルトルの『嘔吐』（白井浩司訳／人文書院他）くらいならまだ読めますが、『存在と無』（松浪信三郎訳／ちくま学芸文庫他）となると非常に難解で、本当に理解できる人はごく一部でした。それでも実存主義の空気というものは吸えたのです。

そのように思想を潮流として感じることも、現在は期待できません。今の若者は、思想のない闇の中を歩まざるを得ないわけです。

「ガンダム＝世界観のすべて」のおそろしさ

こういう言い方をすると、「サブカルチャーは元気だ」「日本のアニメは世界で受けている」という反論もあるかもしれません。しかし、「新世紀エヴァンゲリオン」や「機動戦士ガンダム」を思想的バックボーンにして生きるとか、その物語の中の生き方を真に受けるというのは、あまりにも安易です。

世の中には、外見上は立派な大人になっているにもかかわらず、たとえばガンダムの世界に夢中になり、その世界観を熱く語る人々が少なからずいます。私もガンダムをまったく知らないわけではありませんが、そういう人々に対しては大きな隔たりを感じます。そういう人生観の形成の仕方が信じられないし、ついて行けないのです。

誤解のないようにいっておくと、アニメが好きな大人がいても、何ら問題はありません。思想的に影響を受けた数多くの古典や文学作品などがあり、その中の一つに「ガンダム」も含まれている、という程度ならいいのです。「あしたのジョー」を自己形成の一部にした人もいるでしょうし、子どものころに夢中になったマンガを〝大人買い〟した人もいるでしょう。

しかし問題は、「ガンダム」の世界観が自分のすべてであるかのように語ってしまうことです。今でも「ガンダム」だけを扱った雑誌があり、いまだにたいへんな売れ行きだそうです。大人が熱心に買っているからでしょう。

この状況に対して、「絶対におかしい」と思っているのは私だけではありません。以前、私と同様に「これは異常だ、こんなことではいかん」と言う方と対談したことがあります。他ならぬ「ガンダム」の生みの親、富野由悠季《よしゆき》さんです。

この対談は、富野さんからのオファーで実現しました。やはり「このままでは日本はだめになる。三、四十歳代がガンダムに夢中になっているような国はおそろしい」と問題意識を持っていたところ、私が「身体感覚」について論じたり、「読書力」の必要性を強調していることを知って、この国の行く末を憂う気持ちを共有できるのではないか、と思われたそうです。

「ガンダムを見るだけでアニメを作ってはいけない」と富野由悠季さん（左）と。（写真提供：「月刊ガンダムエース」2004年2月号、角川書店）

富野さんには、「若者の底の浅さの一因をつくってしまった」という思いもあったのでしょう。けっして作品が悪いわけではありません。むしろ大傑作だからこそ、これほど夢中になる人が多いわけです。しかし、その〝夢中度〟が異常だと、恐怖すら覚えます。当人にとっては、子ども時代から永遠に変わらぬ快適な思想空間をガンダムが用意してくれた、ということかもしれませんが、「そんなはずはない」という点で富野さんと私の考えは完全に一致しました。アニメの一作品が、人生の最終的な拠り所ではあり得ないはずです。

また、アニメの作り手になりたいという若者は大勢いますが、そこでも危うさを感じることがあるそうです。彼らに絵を描かせてみても、根気はないし、アニメしか見ていないことが一目瞭然とのこと。人間の身体がどのように動くか、そのリアルさが根本的に欠けているそうです。

富野さんによれば、アニメ作りとは、自分の身体を使って跳んだり走ったり、年の離れた人とコミュニケーションをとったりした経験を活かす仕事なのに、そうではなくなってきているとおっしゃっていました。アニメを見るだけで育ち、むしろ親の世代との直接的なコミュニケーションが苦手な人が集まってくる。だから身体感覚のない弱さを感じる、とのことでした。

思想的バックボーンが溶解した日本

「ガンダム」だけではありません。同じような危惧を覚えるのが、いわゆるJポップの全盛です。

かつては、洋楽を聴くことが中学一年生の洗礼でした。小学生はビートルズを聴かないが、中学生は聴かないとおかしい、というわけです。あるいは大学生になったら、同じく通過儀礼としてのジャズというものもありました。

しかし最近は、そういうものがなくなりつつあります。十歳代であれば誰もが知っているようなロックやジャズの曲、あるいはミュージシャンは存在しないのではないでしょうか。その代わり、日本人による恋愛などの歌であるJポップが圧倒的なシニアを誇っています。

もちろんJポップのレベルが上がってきたという理由もあるでしょう。しかし、他のものを受容するメンタルが少し弱くなっている気がします。外国偏重を奨励するわけではありませんが、とにかくレベルの高いものがいいものである、という当たり前の前提が崩れているのではないでしょうか。

現在、日本以外にも優れた音楽は無数にあります。しかしそのことが、日本の若者にさほど影響を与えなくなっている。「ガンダム」が思想のすべてであるというマインドと同じように、Jポップこそ音楽のすべてと割り切ってしまった感があります。

しかも、そういう極端に楽なすり替えを起こした世代が、今は親になっているわけです。昔の三十歳代と比べれば、その脆弱《ぜいじゃく》さについて、あまりにも大きな隔たりがあると言わざるを得ません。

映画に関しても邦画が全盛です。それは、日本の映画がレベルアップしたからではありません。むしろ、テレビドラマに近づいています。ではなぜ、邦画全盛なのか？　見るのが楽だからです。なじみの世界で「他者性」が低いから、ラクにわかる。また、大人向けの洋画が字幕でなく吹き替えが多くなったのも、学力低下を示すようで悲しい事態です。

かつて三木清やその周辺を読んで自己形成した旧制高校の学生たちが、Ｊポップばかりを聞き、「ガンダム」やマンガを読んで世界観を形成している今の三十歳代を見たら、おそらく絶句することでしょう。

それほど、今の日本は思想的なバックボーンを失っています。何かの薬剤で溶かしてしまったかのように、見事に背骨が溶けてしまっているのです。

「学び」へのリスペクト導火線に火をつけて

ヨガや禅といった仏教的な東洋の精神文化は、日本では非常に重要なものです。また、とくに男性は過去において、漢文系の素養によって自己形成をしてきました。

夏目漱石は漢詩や漢文が大好きでした。『草枕』（岩波文庫他）などは、西洋的な美意識に対して東洋の美的な価値観を対比させているもので、小説の体裁をとりながら詩を挿入するなどの実験が施されています。西洋一辺倒ではなく、東洋には東洋の美意識や価値観がある、という漱石の意気地を見せたものだと思います。

彼らは幼少期から漢文を素読しているため、東洋独自の思考法には慣れています。「論語」も当たり前に読んできたし、あるいは禅の伝統についても生活に根づいていました。日本の生活全体が禅と深い結びつきを持っていたことは、鈴木大拙の『禅と日本文化』（岩波新書）でも明らかにされています。

古典でも時代によって背骨は違います。たとえば、『源氏物語』（岩波文庫他）は禅とは別の世界です。もちろん仏教の影響はありますが、男女の複雑な機微を歌で表現した、平安時代の独特の王朝文学です。

日本においては、遠い過去から文化の大きな流れがありました。国文学に止まらず、江戸情緒といったものも含め、東洋や西洋からの文化を吸収しながら独自の文化を形づくってきました。

食文化についてもいえます。日本の食文化はきわめて開放的で水準が高く、イタリア料理にしてもフランス料理にしても中国料理にしても、現地に遜色ないレストランが存在します。もっとマイナーな民族料理でも、ほとんどのものは食べることができるでしょう。それほど無国籍な食文化が根づいていますが、同じことが思想においてもいえたわけです。かつての日本は、文化が花開いた状態だったのです。

岩波文庫にしても、日本の古典から西洋の古典、東洋の古典、紀元前のツキディデスやカエサルの著書まであります。古今東西の古典をほぼ網羅しているといっても過言ではないでしょう。中国の若い人が日本語を学ぶ理由の一つとして、自国では翻訳されていない本が読めるという点を挙げるほどです。

現在も、多くの思想が書籍としては出版されています。しかし今の若者に、それを読みこなすだけの学力がついていません。岩波文庫を積極的に読んでいる大学生はほとんどいなくなってしまいました。

そういうバックボーンが溶けて消えてしまった状態で、ではどうやって一歩を踏み出すのか。

生活の中に生き方の規範があればまだいいのですが、家庭内でそのようなものも伝承されていません。かつて幸田露伴は娘の幸田文《あや》を厳しく鍛え、「渾身《こんしん》」という生き方の構えを、身から身へと伝えました。幸田文はまた自分の娘（青木玉）を、たとえば書道での姿勢が悪いと言って腰をけとばして鍛えました。こういう家庭はもう少ないでしょう。

しかも、兄弟やいとこ、おじさんおばさんも少なくなり、地域社会の人との関係も希薄化しています。つまり人間関係の経験が極端に少なくなっているわけです。その影響が、最近の中学生・高校生の幼稚さとして現れています。前述したとおり、本来なら家庭で甘えるべきところなのに、学校の教師に対して過度に甘えてくるという現象が起きているのです。

人間関係には慣れが肝心というところもあります。生活の中で、大人とある程度の緊張感を持って関わるような機会に乏しいと、どうしても他人との交わりに慣れないままになってしまいます。その結果、同年齢またはネット上という、緊張感のない関係だけを求めるようになるわけです。

質の良い本を読むだけではなく、現実の質の良い大人と交わる機会も、若者たちの成長に不可欠だと思います。そのためには、まずそういうことが可能になるコミュニケーション能力が必要です。これが低すぎると、世代の違う人、業績を上げている優秀な人と会う機会があっても、きちんと話を聞けません。これは非常にもったいない。

人は誰でも、「何かをリスペクトしたい」という気持ちをかならず持っています。現代の若者にしても同様です。ただ彼らは、そういう感情を表に出す経験をせずに育ってしまった。だから勉強もせず、人づきあいも苦手で、お金も覇気もない状態に追い込まれているのです。彼らを批評することは簡単ですが、それでは何の解決にもなりません。〝仏法僧〟に当たる「学びのあこがれ」の対象を提示し、彼らのリスペクトの導火線に火をつけてやることが、上の世代の責任ではないでしょうか。

あとがき——次代へのメッセージ

十代の頃からリスペクトしてきた講談社現代新書に初めて書く機会を得たわけだが、まさかこのタイトルになるとは、自分でも予想していなかった。私が子どもの頃から持っていた不安が適中してしまった感じだ。ネガティブな論は私自身きらいなので、危機感を持ちつつも、将来に明るい展望が開ける本にしたいと思って書いた。

「日本人は学ぶことを楽しみ、人生の柱としてきたんだ」という事実を知ることで、現在の私たちも勇気づけられる。伝統を意識することで、自覚と自信が生まれる。自分という個の才能を信じるだけでは、パワーも個どまりになる。

日本人に脈々と受け継がれてきた「学ぶ心の伝統」こそが、日本人の最大の財産だ。そして、「学ぶことを生きがいとしている日本人」を、アイデンティティの柱の一つとすることで、内発的なパワーが生まれてくる。

学ぶ心は、ひとりでに身につくものではない。学ぶ先人の姿に「あこがれ」を感じて、自分も学びたくなる。学びへの「あこがれにあこがれる」。こうした「あこがれの連鎖」が、世代から世代へと受け継がれる。

あこがれが連鎖する社会は、幸福な社会だ。

人の生は、飛ぶ矢に似ている。希望やあこがれに向かって飛んでいる時に、生きている実感を感じることができる。矢は推進力を失ったならば、地に落ちる。

はたして日本人は今、あこがれを目指して飛ぶ矢であると言えるだろうか。

矢に推進力を与える強い弓は、学ぶ意欲そのものだ。苦労せずに便利に消費するだけの情報は、弓を鍛えない。体を使い、身にしみこませるようにして吸収した教養が、生涯にわたって飛ぶ矢に推進力を与える。そう信じて私は本を読み、友と語り合って、自己形成をしてきた。

私が大学に入った頃はまだ読書会という文化があった。一冊の課題本を友だち同士で決めて、読んできた上で、語り合う。ただそれだけのシンプルな会だが、これこそ「学びの祝祭空間」であった。

ただおしゃべりするのでは、水平的な広がりしかない。名著の精神を柱に据えることで、垂直方向のベクトルが生まれた。九鬼周造の『「いき」の構造』（岩波文庫他）や、和辻哲郎の『風土』（岩波文庫）、メルロ＝ポンティの『知覚の現象学』（竹内芳郎他訳／みすず書房）、レヴィ＝ストロースの『野生の思考』（大橋保夫訳／みすず書房）など、どの場所で誰と読み合ったのかを今でも思い出すことができる。

学ぶことは義務などではない、祝祭だ。この学びの祝祭感覚を伝承してもらいたくて私は大学教員をやっているようなものだ。

ほとんど新書レベルの読書の経験もない者が大学に入学してくる。知的読書習慣のない者に三ヵ月で、読書会主宰者にまで成長してもらう。毎週ブックリストを作成し相互に見せ合い、刺激を与え合う空間を授業でつくる。

福沢諭吉の『福翁自伝』（岩波文庫）、下村湖人の『論語物語』（講談社学術文庫）、ニーチェの『ツァラトゥストラはかく語りき』（竹山道雄訳／新潮文庫他）など、向学心を刺激してくれる本を授業中に四人一組で、音読回し読みし、語り合ってもらう。そして、他の三人に向かって、「自分が話せる中で最も知性・教養にあふれた話」を順々にし、最後に誰が最も知的であったかを投票し合う。これを毎回繰り返す。

自分の知性と教養の水準がどれくらいのものであるのか、が身にしみてわかるシステムだ。ほとんど知性の千本ノックのような感覚でやり通す。私自身が中途半端な気持ちでいると失敗する。「ぜったいに一歩も後には退かない」という、まさに不退転の決意で臨む。この覚悟が欠けると、むしろお互いに嫌なしこりを残す。

強引なようだが、三ヵ月たつと読書しない学生は毎年必ずゼロになる。そして全員から感謝される。

二〇〇二年から文化庁の文化審議会国語分科会（旧・国語審議会）の委員を務めたことがあった。二年もかけて「二十一世紀の国語はどうあるべきか」を議論した。そこではほぼ全員が読書の重要性を訴え、学校での読書活動の推進を最重要課題としてあげた。読書の重要性を学習指導要領の冒頭に書くべき、という意見も賛同を得た。私は具体案として、「成績通知表に読書活動という一欄《らん》を設ける」という案を出した。委員の大勢の意見は「読書は強制すべきものではない」ということで、却下された。賛同してくれたのは、数学者の藤原正彦先生だけであった。

これが日本の大人の現実だ。「強制」という言葉におびえきり、踏みこんだ対策を立てることができない。読書を学校教育の柱の一つと考えるのであれば、通知表に欄を設けることに何のためらいが必要なのか。

ひたすら個性、自由を善とし、規律や強制を憎む心性が完全に大人たちの心までをも侵食した。大人たちのこの意味のない腰の引けた姿勢こそ、無責任な傍観者的態度だ。「強制」か「自発」か、という粗雑な二分法では、教育の現実は生み出せない。必要なのは、刺激であり、機会であり、適度な圧力だ。

「本を読んでいないと恥ずかしい」、「教養がないと人格まで疑われる」。そんな圧力が、かつての日本社会にはあった。そんないわば「教養圧力」が適度に働くことで、読書欲という欲望も維持された。

私の小学校時代（昭和四十年代）には、各生徒が読書したページ数が棒グラフで表されていた。これが刺激となって猛烈な読書熱がクラスに生まれた。当時は、たて笛で吹ける曲数まで棒グラフになっていた。今では、小学校の教室でそんな棒グラフを見かけることは、ほとんどない。

「勉強しなくたっていいじゃん」と多くの日本人が楽観した二十五年の間に、世界の知識労働社会へのシフトは急速に進行した。自分で状況判断し、プランを企画実行できるエグゼクティブの能力を社会が要求するようになった。学力低下の著しい日本の若者が、世界標準で戦えなくなっている現実が厳然としてある。

自分から積極的に学ぼうとせず、あいさつや世間話といった他者との基本的な関わりも苦手とし、ボーッと指示を待つだけの、しかもメンタルの弱い者たちに、高波のように世界から押し寄せる要求の波を乗り越えることができるのだろうか。

こうした不安を抱かない人は、大人ではない。現実を知っているのなら、足元がぐらつく不安感を覚えていいはずだ。

これからの日本が直面するのは、「学ぶ意欲の格差」という重い課題だ。自分の利益だけを目標にした学習ではさみしい。自分の生活だけでなく、他の人の幸福を増すために、という思いを抱くことで、学ぶ意欲は生まれ、経済も活性化する。

伊丹敬之《ひろゆき》一橋大学教授は、日本の経営者に自社の利害を超えた大局的観点、「哲学」が欠けてきたと指摘している（「哲学なき経営者の危険」『Ｖｏｉｃｅ』二〇〇七年十二月号）。そこで次のような本田宗一郎の言葉が引かれている。一九五二年、創業まもない、資本金六千万円の本田技研は、四億円の工作機械を輸入した。

「私はこの際生産機械を輸入すれば、たとい会社がつぶれても機械そのものは日本に残って働くだろう。それならどっちにころんでも国民の外貨は決してムダにはなるまいという多少感傷めいた気持ちもあった」（本田宗一郎著『夢を力に：私の履歴書』、

日経ビジネス人文庫）

実に強い外貨意識であり、日本というチームに対する大局的な哲学だ。

これからの日本には、キャリアアップを望むビジネスエリート志向の者は、相当程度出てくるだろう。しかし、そうした者たちが、この本田宗一郎的哲学を身体の奥底から湧き上がらせているのか否かは、はなはだ疑問だ。

「外貨を稼ぐことを教育するべきだ」などと言えば、時代錯誤か国粋主義と思われるかもしれない。しかし、こうした国益的視点を持たないことが、今の日本の弱点なのだ。

国益とは、国家の利益ではなく、この国で暮らす人々の利益ということだ。同じチームに所属し、かなりの程度運命共同体となっているのだから、チームのことを考えて動くことは、そんなに不自然なことではないはずだ。

別に大上段に「日本のため」と構える必要は必ずしもない。「他の人と一緒に学び、働く時間を祝祭的にしたい」と願うだけで、見える風景は変わってくる。「自分、自分」でいっぱいな時よりも、高い位置からの景色が見えてくる。学ぶベクトルを軸にした熱い場を、ひとたび体験したならば、きっとまたその熱さが欲しくなるだろう。

私は、これからの日本の若い人たちにまったく失望していない。小学生たちと授業をしていると、「中島敦の『名人伝』(角川文庫クラシックス)がよかった」「幸田文の『なた』(幸田文全集第一巻／岩波書店)の渾身が好き」と言ってくれる。シェイクスピアもゲーテも好きだ。

先日、講談社の青い鳥文庫の読者クラブの小学生たちと座談会をしたら、皆、年間二百冊以上も読んでいてびっくりした。同クラブのアンケートでは、年二百冊の子どもが一番たくさんいるという驚異の数字が出た。小学生はどんどん吸収したがっている。

朝十分間本を読む「朝の読書運動」も全国の小・中・高校で急速に広がり、九〇パーセント以上の定着率の県も出てきた。近年これほど無理なく成功した教育運動は珍しい。画期的な変化だ。朝の読書で読書習慣が身につくだけでなく、知を尊重する落ち着いた構えが日々養成される。静かで集中した心身の状態は、子どもたち自身も気に入っている。十年前と比べると大変な進歩だ。

お母さんお父さんたちの熱気も肌で感じる。私の私塾にも、全国から子どもが来てくれるが、御両親の求めるものは、人間的な成長だと感じる。昭和三十年代に比べれば、親が子ども一人当たりの教育にかけることのできるエネルギー、時間、お金は、増大した。この「教育エネルギー資源」を有効に活用することができれば、未来は明るい。

子どもたちや若者たちと接するすべての大人に望みたいこと。

それは、「ただ自分のためでなく」というメッセージを繰り返し、子どもたちに届けてほしいということだ。これが学ぶエネルギーのもとになる。

そして、「学ぶことは楽しい」「学び合うことこそ人生の祝祭である」というメッセージを、自らの日々の生活を通して発してほしい。

つまり、子どもたちの「あこがれ」を誘発する「あこがれの矢」となってほしい、ということだ。四六時中というわけではない。子どもたち、若者たちの前に立つ時だけでもいい。その時には、「あこがれ」という衣装をまとってほしい。

心に「学ぶベクトル」を感じ、張りのある声で、「あこがれ」を伝える。「あこがれにあこがれる」とは、単に「夢をなんとなく語る」というのとは違う。あこがれの伝染で、今すぐ猛烈に学びたくなる。そんな変化が起きることだ。

そして、「ものごとには、深さと高さがある」ことを、あらゆる機会に伝え、共に実感してほしい。水平に移動するだけの快楽消費ではなく、我慢強く掘り下げ、よじ登り、積み上げる「垂直的な充実感」を共有できれば、生きる手応えが格段に違ってくる。

私はずっと、「技」や「技化《わざか》」ということに、こだわってきた。何か注意されると、「あぁ、それなら知ってた」と言う人がいる。できていないのに、「わかってる」と言い続ける人には、進歩がない。「知っている」ことと「できる」ことは、全く違うことだ。そのあいだには深い川が流れている。

この川に橋をかけるのが、「技」だ。反復練習を重ね、いつでも確実に使えるもの、それが技だ。現代日本では、この技を修得する根気が欠けがちだ。

技は自分の心身の一部になる。技は、この身の内部にしみこんでいる。技があることで、自分を信頼できるようになる。

心だけポジティブになるというやり方では、現実を目の前にしたときに、脆《もろ》い。技があってはじめて、本当の自信が持てる。占いや他人からのはげましだけに頼って、心の天気の心配ばかりしていても、本当の晴れは来ない。心の晴れは、技がもたらす。

技は、体技ばかりではない。読書もコミュニケーションも技だ。アイディアを生み出すのも技だ。いろいろな所に「技」を見出すことによって、世の中が「学ぶテキスト」にあふれていることに気づくだろう。

そして「学ぶ心」そのものもまた、技化される。体にクセがあるように心にもクセがある。学ぶ心は、反復強化することで、心の技になり、一生を活気づけてくれる。これが学びの構えづくりだ。自分は探すものではなく、学びによって形成するものだ。空気は読むものでなく、つくるものだ。

「学びの構え」は私の研究の中心テーマであり、私はその根本に身体をおいた。「学ぶ構え」のある人の身体からは、学ぶ活気が発散されている。その熱気が、空気をつくる。その空気を吸った者は、インスパイアされ、活気づく。

最後に、若い人たちへのメッセージを。

学ぶエネルギーが発散されている人・場所に集《つど》いたまえ。

友に対しては、上に向かって飛ぶ、「向上心の矢」として接したまえ。

学び合い、新たな「気づき」が生まれる瞬間こそ、人生の祝祭と感じ、拍手と歓声で、その「祭り」を祝いたまえ。

自分を支えてくれる「技」を磨き、その技で他の人を幸福にすることを生きがいとしてくれたまえ。

「わからなさ」に出会った時、「関係ない」と切り捨てずに、踏みとどまって理解しようとしてほしい。

自分の価値にゆらぎを与えてくれる「自分とは異質の他者性の高いもの」こそ、自分を高めてくれるものとして大事にしてほしい。

日本の先人たちがどれほど学ぶことに燃え、それを楽しみとして生きたか。それを誇りとしてほしい。

そして、つらい時、くじけそうな時は、「雨ニモマケズ」を全文つぶやき、宮沢賢治マインドを心の灯としてともしてほしい。


以上おせっかいなようだが、おせっかいなのが大人の仕事だ。思えば、本を出すこと自体、おせっかいなことだ。私は覚悟をもって、おせっかいを焼き続けたい。

ドストエフスキーの大長編『カラマーゾフの兄弟』の新訳（亀山郁夫訳・光文社古典新訳文庫）が数十万部もいきなり売れる国なんて、そうあるものじゃない。これは世界に誇れる一つの奇跡だ。日本人の垂直的な学びの志向性は、まだ消えていない。

本書が、日本人の「学びの情熱曲線」が下向きから上向きに転じる転機の一助となることを願っている。

この本が形になるに当たっては、講談社の岡部ひとみさん他、島田栄昭さん、野崎慎吾さんに大変お世話になりました。ありがとうございました。

二〇〇八年四月

齋藤　孝

講談社現代新書　1943

なぜ日《に》本《ほん》人《じん》は学《まな》ばなくなったのか

二〇〇八年五月二〇日第一刷発行

著　者　齋《さい》藤《とう》孝《たかし》　

発行者　野間佐和子
発行所　株式会社講談社
東京都文京区音羽二丁目一二―二一　郵便番号一一二―八〇〇一
電　話　出版部　〇三―五三九五―三五二一
販売部　〇三―五三九五―五八一七
業務部　〇三―五三九五―三六一五
装幀者　中島英樹
印刷所　凸版印刷株式会社
製本所　株式会社大進堂
定価はカバーに表示してあります　Printed in Japan

N.D.C.914　222p　18cm
ISBN978-4-06-287943-9

「講談社現代新書」の刊行にあたって

教養は万人が身をもって養い創造すべきものであって、一部の専門家の占有物として、ただ一方的に人々の手もとに配布され伝達されうるものではありません。

しかし、不幸にしてわが国の現状では、教養の重要な養いとなるべき書物は、ほとんど講壇からの天下りや単なる解説に終始し、知識技術を真剣に希求する青少年・学生・一般民衆の根本的な疑問や興味は、けっして十分に答えられ、解きほぐされ、手引きされることがありません。万人の内奥から発した真正の教養への芽ばえが、こうして放置され、むなしく滅びさる運命にゆだねられているのです。

このことは、中・高校だけで教育をおわる人々の成長をはばんでいるだけでなく、大学に進んだり、インテリと目されたりする人々の精神力の健康さえもむしばみ、わが国の文化の実質をまことに脆弱なものにしています。単なる博識以上の根強い思索力・判断力、および確かな技術にささえられた教養を必要とする日本の将来にとって、これは真剣に憂慮されなければならない事態であるといわなければなりません。

わたしたちの「講談社現代新書」は、この事態の克服を意図して計画されたものです。これによってわたしたちは、講壇からの天下りでもなく、単なる解説書でもない、もっぱら万人の魂に生ずる初発的かつ根本的な問題をとらえ、掘り起こし、手引きし、しかも最新の知識への展望を万人に確立させる書物を、新しく世の中に送り出したいと念願しています。

わたしたちは、創業以来民衆を対象とする啓蒙の仕事に専心してきた講談社にとって、これこそもっともふさわしい課題であり、伝統ある出版社としての義務でもあると考えているのです。

一九六四年四月　野間省一